Elton João Caetano Laissone

**Emmanuel Mounier e il salvataggio della persona**

AF154733

Elton João Caetano Laissone

# Emmanuel Mounier e il salvataggio della persona

### Quale eredità per il mondo di oggi?

ScienciaScripts

This book is a translation from the original published under ISBN 978-613-9-64482-7.

Publisher:
Sciencia Scripts
is a trademark of
Dodo Books Indian Ocean Ltd. and OmniScriptum S.R.L publishing group

120 High Road, East Finchley, London, N2 9ED, United Kingdom
Str. Armeneasca 28/1, office 1, Chisinau MD-2012, Republic of Moldova, Europe
Printed at: see last page
**ISBN: 978-620-7-38409-9**

A mia madre, Fernanda Julinho, che io chiamo affettuosamente *A VO FE,* perché mi ha insegnato la fede!

TATENDA PAKULU, MAI!

# INDICE

# INTRODUZIONE

## 1- Capire il nostro titolo

Nelle pagine che seguono vorremmo cercare di offrire una riflessione aggiornata sulla filosofia personalista di Emmanuel Mounier. Cercare, conquistare e promuovere la Persona in tutte le sue dimensioni: questo è stato il lavoro che Mounier, filosofo personalista di ispirazione cristiana, pedagogo e intellettuale impegnato, ha intrapreso per tutta la sua vita attiva, un lavoro che, in ambito educativo, lui stesso ha chiamato *risveglio della Persona.* Questa riflessione si intitola pertanto come segue: *Emmanuel Mounier e il risveglio della persona: quale eredità per il mondo di oggi?* Si tratta quindi di un tentativo di riflettere e rileggere in chiave attuale il Personalismo cristiano ed etico-politico di Mounier.

Il pensiero di Mounier si sviluppa all'interno di un periodo di crisi generale, una crisi che si è manifestata a livello politico, economico, sociale e anche nell'ambito della fede. Infatti, a metà del XX secolo e all'inizio del terzo millennio, viviamo in un mondo in cui tutti sono coinvolti in diverse dimensioni esistenziali, in cui assistiamo alla scomparsa della persona, in cui troviamo innumerevoli circostanze di disordine e di degrado della persona, in cui la persona diventa un termine vuoto e un mero oggetto manipolabile, soprattutto per il sistema economico dominante.

Mounier si propone di sviluppare una critica virulenta della civiltà capitalista, rafforzata da un forte desiderio di riforma radicale. E questo radicalismo nasce da una certa idea dell'uomo, definito da Mounier come "Persona", la cui natura è profondamente spirituale. Ma egli non è tentato di ridurre questa rivoluzione al solo livello spirituale, bensì di farla incidere su tutte le strutture temporali; cerca cioè una nuova società i cui valori siano radicati nella Persona.

In questo modo, Mounier sviluppa il suo pensiero, nato come semplice pedagogia e divenuto una vera e propria filosofia, dove immagina una proposta educativa volta a valorizzare e risvegliare la Persona e la sua libertà nel contesto che la circonda. E, come vedremo nel corso del testo, la Persona ha di per sé caratteristiche uniche, ma anche comunitarie. È un essere capace di creare legami affettivi, di dialogare e di vivere in comunione. È anche capace di protestare, di dire no, di giudicare, di essere libero; in breve, è capace di non lasciarsi manipolare.

Nella sua opera intitolata *Le Personnalisme,* propone le seguenti strutture che contribuiscono al dispiegamento della *persona*: l'esistenza incarnata, la comunicazione, il colloquio intimo, il confronto, la libertà sotto condizione, la dignità eminente e l'impegno. In queste strutture, Mounier guida il dispiegamento della persona affinché sia libera e sappia rifiutare tutte le forme di alienazione che le vengono imposte a scapito del suo essere, riducendo la persona a un mero oggetto, favorevole al consumo e al dominio passivo. In *Manifeste au Service du Personnalisme,* dedica un capitolo specifico all'educazione della persona, dove la parola chiave è *risveglio della persona.* E in *Revolution Personnaliste et Communautaire* progetta una nuova civiltà radicata nella persona.

È importante per noi essere consapevoli del senso in cui il termine *resgate* (o *rescue)* è preso in questo testo. È preso in due sensi: un *senso storico (*riportare indietro) e un senso *concettuale* (risvegliare).

a)        *Soccorrere* nel senso di *riportare in vita:* In questo senso, quando parliamo di *salvataggio*, intendiamo *riportare in vita* qualcosa che, per varie ragioni, aveva cessato di avere un'influenza sul nostro ambiente e che ora rivendica la sua esistenza. Secondo il nostro tema, si tratta di riportare la *Persona ripercorrendo* il Personalismo cristiano ed etico-politico di Mounier all'interno delle coordinate storiche in cui ci troviamo. Si tratta soprattutto di rendere presente e vivo il pensiero di un autore (Mounier) in mezzo a noi: pensare con lui, discutere con lui, criticarlo e interrogarlo sull'attualità del suo pensiero per l'esistenza umana e per la nostra storia, la storia di ciascuno di noi. Vogliamo quindi *salvare* e cercare di rendere viva l'espressione ricoeuriana "Muoia il personalismo perché viva la Persona", perché il personalismo è una corrente di pensiero, ma la Persona pretende di essere una realtà che incide sulla vita dell'essere umano e diventa garante del senso dell'esistenza, toccando l'orizzonte etico, metafisico e assiologico. Per questo Mounier fa riferimento alla rivoluzione

4

personalista e comunitaria, dove la Persona è una vera e propria dimensione etico-politica che coinvolge e impegna gli esseri umani nella personalizzazione di se stessi e del mondo. È questa rivoluzione che deve avvenire oggi a causa della crisi dei valori e della perdita di senso dell'esistenza. È per questo che abbiamo bisogno di salvare la Persona. In questo modo, l'intuizione di Mounier del Personalismo cristiano ed etico-politico diventa un progetto di vita, una conquista del futuro, un impegno sempre attuale e urgente.

b)	*Soccorrere* nel senso di *risvegliare:* Con il termine *salvataggio si* intende anche *risvegliare,* o meglio, *far risvegliare.* Nello stesso senso, possiamo anche parlare di *sbocciare.* Diremmo anche che si tratta di sviluppare la persona, di farla emergere, sbocciare e raggiungere la sua pienezza. Nella filosofia di Mounier, questi termini sono legati al tema dell'educazione della persona e al processo di personalizzazione. Infatti, la Persona è una realtà data in germe: data incompiuta, ma piena di potenzialità da realizzare, da far fruttificare, da far apparire e raggiungere la pienezza della sua realizzazione. Non possiamo riuscire a formare una società personalista e comunitaria se ognuno di noi non fa l'esperienza concreta di essere una Persona (Mounier, 1961a, p. 53).

## 2- Cosa vogliamo da questo studio?

La persona è una categoria essenziale nella formazione umana. Nessuna società può valorizzare la vita umana in tutti i suoi aspetti se non pone la Persona al centro dei suoi valori culturali, politici, etici, religiosi, ecc. Seguendo questa linea di pensiero, la presente ricerca si propone di sollevare una discussione sulla rilevanza di questa categoria (Persona) nella formazione dell'uomo di oggi, e di salvare la Persona (poiché la Persona non è un tema nuovo), perché questa categoria è in grado di riportare i valori che sono stati soffocati dal sistema disumanizzante in vigore. Per fare ciò, è necessario raggiungere alcuni obiettivi specifici, quali: (a) descrivere l'attuale situazione problematica del crepuscolo della persona; (b) descrivere la filosofia di Mounier sulla persona; (c) mostrare le linee d'azione specifiche e pratiche che Mounier propone, capaci di incidere sulla prassi per la formazione dell'uomo verso il risveglio della persona; (d) dimostrare l'urgenza di una rivoluzione personalista e comunitaria; e (e) impegnare l'essere umano, attraverso atti creativi e creativi, a creare laghi umani concreti in cui ciascuno si impegna e si impegna, nella situazione storica e concreta in cui si trova, a costruire una comunità di persone libere.

Ma in termini organizzativi, la nostra avventura è organizzata in tre grandi capitoli. Questi capitoli costituiscono le tre fasi della metodologia *vedere-giudicare-agire*, in cui:

a) Il primo capitolo è il primo momento. Guarda al presente. Presenta la crisi attuale e la scomparsa della Persona, il significato etimologico di Persona e il concetto di Personalismo. Vediamo che l'orientamento del Personalismo di Mounier, che è una filosofia della prassi e non un sistema chiuso, è marcatamente cristiano ed etico-politico, poiché, essendo Mounier un cristiano impegnato, chiede una nuova società basata sulla Persona attraverso una rivoluzione personalista e comunitaria realizzata con azioni concrete: chiamiamo questo l'interesse etico-politico di Mounier. Vengono anche introdotti il percorso storico della Persona, le concezioni e le correnti anti-personaliste e riduttive della Persona. L'obiettivo di questo momento è quindi quello di mostrare, da un lato, che la Persona non è un soggetto nuovo, ma ha una lunga storia, e, dall'altro, che l'attuale crisi della Persona si è riflessa nell'attuale crisi della civiltà. Pertanto, il recupero del significato dell'essere umano implica il recupero della Persona.

b)        Il secondo capitolo è il secondo momento. Si tratta di andare alle fonti e di studiarle. Qui cerchiamo di ripercorrere il più dettagliatamente possibile la filosofia della Persona di Mounier, mettendone in evidenza la possibile definizione - meglio dire descrizione o caratterizzazione - le caratteristiche, le tre dimensioni della Persona e le sette strutture che compongono l'universo personale. L'obiettivo di questa seconda sezione è quindi quello di presentare la filosofia della Persona di Mounier.

c)        Il terzo capitolo costituisce il terzo momento. È un ritorno al presente alla luce della filosofia personalista di Mounier. Qui si presenta la Persona come base della rivoluzione personalista e comunitaria, mostrando il tipo di società che Mounier propone, una società il cui valore primario è la Persona: la società personalista e comunitaria. Vengono inoltre evidenziate alcune linee guida pratiche ed educative per la costruzione di una società basata sulla Persona. L'obiettivo di questa terza sezione è quindi quello di chiedersi se la proposta di Mounier possa essere rilevante per affrontare la crisi della società contemporanea, e di vedere se la filosofia di Mounier intorno alla Persona possa essere una mobilitazione per trasformare la società di oggi in una società migliore e più umana.

Terminato questo terzo capitolo (l'ultimo), forniamo le considerazioni finali, che comprendono la conclusione, le osservazioni critiche sul personalismo, l'attualità del pensiero di Mounier e alcune raccomandazioni. A seguire, alcune appendici sull'autore e sulla sua opera.

### 3- Metodologia: quale strada seguire?

Questo studio vuole essere uno studio e un'analisi delle principali idee di Emmanuel Mounier sul tema della Persona, categoria intermedia tra l'individuo e la comunità, nel senso di salvarla. Questo studio si baserà principalmente sulla lettura e sull'analisi di alcune opere di Emmanuel Mounier, ovvero *Le Personnalisme* (opera in cui delinea le sette strutture dell'universo personale), *Manifeste au Service du Personnalisme* (perché è in quest'opera che troviamo una possibile definizione - meglio sarebbe dire descrizione o caratterizzazione - della Persona secondo Mounier), *Revolution Personnaliste et Communautaire* (perché in quest'opera Mounier delinea il suo progetto di ricerca di una nuova civiltà attraverso una rivoluzione basata sulla Persona), *Introduction aux Existentialismes* (perché per Mounier il Personalismo è in qualche misura un ramo dell'Esistenzialismo) e *La Petite Peur du XX^e Siecle* (perché in quest'opera troviamo il senso del progresso e della storia nel Personalismo cristiano di Mounier).

Riteniamo che queste cinque opere di questo autore siano sufficienti a coprire l'idea di Pessoa e del suo salvataggio nel tempo presente. La lettura di queste opere è accompagnata dalla lettura e dall'analisi di opere di altri autori che hanno analizzato il pensiero di Mounier su Pessoa. Questo confronto di idee intorno alla concezione di Mounier su Pessoa viene fatto in una riflessione il più possibile aggiornata. Questa riflessione aggiornata si basa sulle nostre conclusioni, sostenute soprattutto dall'esperienza della crisi di senso che ci caratterizza oggi.

## CAPITOLO I - La CRISI DELLA PERSONA E LA FILOSOFIA PERSONALISTA

### 1- Inserimento nel problema della crisi della persona

#### 1.1- Viviamo in un mondo distrutto

Dalla metà del XX secolo a oggi, nel XXI secolo, è risuonata ovunque la consapevolezza che questo nostro secolo è assetato di autenticità. Viviamo in un mondo in cui l'essere umano è coinvolto in diverse dimensioni esistenziali, un mondo in cui la vita dell'essere umano si svolge in diverse circostanze di disordine e degrado della Persona; viviamo in un'epoca di permissivismo, di educazione frammentata, frammentaria; viviamo influenzati dall'effimero, dal passeggero, dal fugace.

Questa crisi si manifesta nei grandi orrori che gli esseri umani devono affrontare: guerre, malattie, corruzione a tutti i livelli, specialmente quella spirituale, secondo Papa Francesco *(Gaudete et Excultate,* nn. 164-165) e ogni tipo di tormento in cui l'uomo diventa il lupo dell'uomo. E questo contraddice la condizione umana stessa. Ecco perché dobbiamo riconoscere con Kafka che "c'è qualcosa di marcio nell'Universo", e dobbiamo affermare con Gabriel Marcel che "viviamo in un mondo in frantumi". Viviamo infatti in un mondo in frantumi, un mondo in cui nulla ha un nesso, un mondo che sta attraversando la grande crisi della Persona e dei valori ad essa legati, un mondo che ci costringe a riconoscere che c'è stato qualcosa di sbagliato nel cammino dell'uomo sulla lunga e tempestosa catena montuosa della storia (Frosini, 2001, pp. 132-133).

La persona, che è quel centro invisibile che polarizza e unifica tutto, ha smesso di essere rilevante ed è diventata un termine vuoto e un mero oggetto manipolabile. Viviamo in un mondo che ha perso ogni senso di speranza per il futuro, un mondo in cui le persone nascono e muoiono nella più totale indifferenza, in cui ogni sforzo di lottare per un ideale sembra destinato a fallire (Vanzeto & Alves, s.a., p. 1).

## 1.2- Un nuovo ordine

A causa del "declino" della persona e dell'"ascesa" dell'individuo, due categorie molto diverse per Mounier, sono cambiati i modi di vivere e le strutture dell'esistenza, creando un nuovo ordine e un nuovo paradigma in cui gli esseri umani si sentono alienati da se stessi e dagli altri. Oggi assistiamo a una società in cui l'uomo domina il mondo, con anti-valori come l'edonismo, l'ambiguità del potere e del dominio, il desiderio di fama e di spettacolarità, l'alienazione in quasi tutto e altri elementi che portano l'uomo stesso a essere schiavo delle situazioni che ha creato. L'uomo si sforza di dominare e trasformare il mondo attraverso la conoscenza e la tecnologia fino al punto di rischiare di dimenticare e danneggiare se stesso (GIOVANNI XXIII, 1993, nn. 242-243). Se da un lato abbiamo il progresso scientifico e tecnico, dall'altro assistiamo a una dimenticanza e a una regressione quasi irreversibile della Persona e del suo universo assiologico. Heidegger ha detto che: "Nessuna epoca ha avuto tante nozioni diverse sull'uomo come quella attuale, nessuna epoca è riuscita come la nostra a mostrare le proprie conoscenze su di lui in modo così efficace e affascinante, né a comunicarle in modo così rapido e semplice". È anche vero che nessuna epoca ha saputo meno della nostra cosa sia l'uomo. Mai l'uomo ha assunto un aspetto così problematico come ai nostri giorni" (Heidegger, citato da Giustiniani, 1993, p. 9). È una vera e propria povertà antropologica quella che l'uomo sta vivendo.

## 1.3- Laicità

Il secolarismo è una concezione secondo la quale il mondo può spiegarsi da solo, senza che sia necessario appellarsi a Dio, in modo tale che Dio diventa superfluo ed estraneo. Questa concezione ha qualcosa di positivo nel senso che non dobbiamo aspettarci dal cielo ciò che possiamo fare sulla terra (Frosini, 2001, p. 84). Ma è una concezione che sottovaluta il potere dell'uomo fino a negare Dio. Questo porta ad altri problemi, come l'ateismo, che si manifesta a volte in un atteggiamento pragmatico e militante, a volte in una totale indifferenza verso tutto ciò che presuppone un principio assoluto. L'ateo militante e negazionista discute, dialoga, si confronta, espone i suoi argomenti e cerca di rispondere alle obiezioni, ma l'ateo indifferente tace, rimane chiuso nel suo silenzio e nel suo disinteresse. Ecco perché, dice Frosini, questo ateismo dell'indifferenza, sebbene meno virulento dell'ateismo militante, è il più astutamente falso, il più mimetizzato e il più insidioso. E questo è l'atteggiamento tipico dell'uomo postmoderno, un uomo che ha perso tutte le grandi sintesi e tutti i grandi sistemi (Frosini, 2001, p. 80). A causa del secolarismo, c'è anche una totale indifferenza per tutto ciò che è personale nell'essere umano e l'emergere di una società consumistica in cui vediamo l'edonismo, l'ambiguità del potere e del dominio, la discriminazione di tutti i tipi e varie altre cose inumane e disumane che scaturiscono da questo umanesimo troppo umano (PAOLO VI, 1993, nn. 55-56).

**1.4- La crisi del significato religioso**

Tenendo presente che la *religione* è la religione del tutto verso il tutto e verso l'Assoluto che legittima questo tutto, e la consapevolezza di quella che Leonardo Boff, teologo brasiliano, ha chiamato l'interrelazione del tutto con il tutto e con l'Assoluto in ampiezza e profondità, allora oggi il senso religioso dell'uomo è messo in discussione. Infatti, uno dei problemi più gravi della società odierna è l'idea che la domanda religiosa dello spirito umano sia una pura espressione di sentimento o di fantasia, o che questa domanda sia semplicemente il prodotto di una circostanza storica che passerà con il tempo. Ma il rifiuto di questa esigenza religiosa è il più grande errore dell'uomo di oggi. Così, separato dall'Assoluto e allontanandolo da sé, l'uomo diventa disumano verso se stesso, verso gli altri e verso il mondo. La gravità di questo problema diventa sempre più acuta quando l'uomo si propone di costruire un ordine temporale solido e fecondo, ma senza Dio, proclamando la grandezza dell'uomo, eliminando la fonte da cui questa grandezza scaturisce e si alimenta, attraverso la rappresentazione e persino l'eliminazione di quelle aspirazioni innate che portano l'uomo a cercare Dio. Tuttavia, sperimentando gli inganni e le delusioni della vita, egli sente che la sua vita, se non è radicata in un Tu assoluto e personale, diventa una domanda senza risposta e senza senso. Non a caso, una delle caratteristiche della Persona è questa apertura al Tu assoluto, che è Dio (GIOVANNI XIII, 1993, nn. 214-215).

**1.5- Una grande sfida per salvare la persona**

Come si vede, i problemi da affrontare per costruire una società basata sulla persona sono enormi. E proprio questa situazione problematica è motivo di auto-interrogazione da parte dell'essere umano stesso, al quale è affidato il compito di salvare la Persona per (ri)costruire il suo profilo di uomo in quanto uomo. È una domanda sul posto dell'essere umano nel mondo e sul senso della sua vita come Persona incarnata e situata. Dobbiamo quindi correre il rischio di affrontare la grande sfida di riportare la Persona, perché questa diventa la condizione essenziale perché la nostra società sia sempre più umanizzata e personalizzata. E, come vedremo, la Persona è un essere capace di creare legami affettivi, di dialogare e di vivere in comunione. È anche capace di protestare, di dire no, di essere libera e di non lasciarsi manipolare. È questo concetto di Persona, categoria intermedia tra l'individuo e la totalità, che permetterà a Mounier di proporre una via d'uscita originale: Il *Personalismo* (Vanzeto & Alves, s. a., p. 1). Ma perché ciò avvenga, gli esseri umani devono recuperare il senso escatologico della speranza, perché è la speranza che impegna gli esseri umani a camminare. Ma la speranza si muove tra un eccesso e un difetto. L'eccesso è la presunzione, cioè la convinzione che l'uomo debba camminare e salvarsi da solo, senza Dio, e questa è la condizione dell'uomo moderno, l'uomo delle ideologie, delle grandi opere e della fiducia cieca nella ragione. Il difetto della speranza è la disperazione, cioè la mancanza di speranza, il mettere la testa sotto la sabbia da parte di chi non crede più nel successo e nella lotta ed è convinto a priori che non riuscirà mai a raggiungere la meta finale, e questa è la situazione dell'uomo postmoderno, che si è stretto le mani e cammina senza meta né direzione, e dell'uomo senza identità (Frosini, 2001, pp. 251-252).

Ma prima di entrare nel merito della filosofia personalista di Mounier, diamo uno sguardo storico-filosofico alla Persona e al Personalismo nel tempo e nello spazio.

**2- La filosofia personalista: una riflessione storico-filosofica sulla Persona**

**2.1- Origine etimologica e significato boemo e tomistico del termine *Persona***

Il termine *Pessoa* deriva dal greco *npoaonov.* Significa *maschera,* cioè ciò che un attore metteva davanti al viso, alla bocca. La parola *persona* è di origine latina e deriva dal verbo *per-sonare, cioè* far suonare o risuonare attraverso. Poiché nell'antichità non esisteva il microfono, gli attori principali del teatro usavano uno strumento sonoro che mettevano sul viso, come uno stereo portatile. Coloro che indossavano le maschere erano i personaggi più importanti e quindi anche degni di attenzione, di lode e persino di critica. Da qui l'espressione "Pessoa" (Vanzeto & Alves, s. a., p. 4).

Per avere una comprensione più ampia del termine Persona, è necessario conoscere anche le definizioni boeziane e tomiste di Persona. Boezio definisce la Persona come *naturae rationalis individua substantia,* mentre San Tommaso sostituisce l'espressione *sostanza individuale* con il termine *subsistens:* il sussistente della natura razionale. In realtà, in San Tommaso, i termini *ipostasi, subsistens, substantia individua* e *suppositum* significano la stessa cosa. Il sussistente è una sostanza individuale che forma un tutto completo: *Id quod est perfectissimum in rerum natura.*

**2.2- La corrente chiamata *Personalismo***

Il termine *personalismo* è stato utilizzato per la prima volta a metà del XIX secolo. È all'inizio del XX secolo, precisamente nel 1903, con Charles Renouvier e, successivamente, con M. W. Calkins e B. P. Bowne. P. Bowne che il termine è entrato nell'uso sistematico. Renouvier (1815-1903), filosofo francese, acquistò importanza in questo periodo perché fu il riformatore di un relativismo idealista, che faceva della libertà il fondamento della vita intellettuale e morale della persona. Ma con Mounier il termine fu ripreso e definitivamente caratterizzato come Personalismo (Cordon & Martinez, 1994, p. 147).

### 2.2.1- Definizione

Possiamo dire che il *personalismo* è l'atteggiamento filosofico che riconosce l'importanza della Persona e la considera il principio ontologico e, quindi, ne fa un principio fondamentale per spiegare tutta la realtà. La Persona di cui si parla qui è presa nel suo senso unitario e dinamico (Cordon & Martinez, 1994, p. 147). Mounier (1961b, p. 5) afferma che "è personalista ogni dottrina, ogni civiltà che afferma il primato della persona umana sui bisogni materiali e sugli apparati collettivi che ne sostengono lo sviluppo".[1] .

### 2.2.2- Il concetto filosofico di Personalismo

Prima di essere una pedagogia o una filosofia dell'intenzione pratica, il Personalismo è una tesi metafisica che può essere formulata come segue: l'essere, nel suo principio, *è personale;* tutto ciò che non è personale deriva e tende alla Persona; tutto ciò che è può sussistere solo in riferimento a un principio personale. Il personalismo è quindi una vera ontologia, una dottrina indivisa dell'essere e della conoscenza. Esso vede la Persona come *principio ontologico.* La Persona diventa il punto fondamentale da cui tutta la realtà acquista la sua ragione e la sua spiegazione dell'esistenza. E questa Persona, secondo Maurice Nedoncelle, è capace di relazioni personali e interpersonali, che sono essenzialmente relazioni di amore e di promozione reciproca. Ma la Persona è anche capace di realizzarsi in relazione a un principio personale supremo (Dio). Infine, secondo Nedoncelle, il Personalismo richiede di assumere ciò che è impersonale e anti-personale nella realtà per installarsi nella storia umana (Cordon & Martinez, 1994, p. 160).

### 2.2.3- Il personalismo come dottrina

Nicola Abbagnano ci dice che il termine *personalismo* è stato e viene tuttora utilizzato per designare tre dottrine diverse ma correlate. Ovvero:

a)      *Dottrina teologica:* che afferma la personalità di Dio come causa creatrice

---

[1] Qualsiasi dottrina, qualsiasi civiltà che affermi il primato della persona umana sui bisogni materiali e sull'apparato collettivo che ne sostiene lo sviluppo.

del mondo, in opposizione al panteismo, che identifica Dio con il mondo.

b) *Dottrina metafisica:* secondo questa dottrina, il mondo è costituito da una totalità di spiriti interi che insieme costituiscono un ordine ideale in cui ciascuno di essi conserva la propria autonomia. È stata utilizzata da Howison, Renouvier, Hockins, ecc. Il personalismo, in questo senso, non è altro che uno spiritualismo monadologico di marca leibniziana-lotziana. Così, il termine *personalismo* è rimasto in America per indicare la dottrina che in Europa era chiamata spiritualismo.

c) *Dottrina etico-politica:* insiste sul valore assoluto della persona e sui suoi laghi di solidarietà con le altre persone, in polemica contro il collettivismo da un lato, che tende a vedere la persona come nient'altro che un'unità numerica, e contro l'individualismo dall'altro, che tende a indebolire i laghi di solidarietà tra le persone. Eugenio Duhring, Emmanuel Mounier e numerosi pensatori cattolici hanno utilizzato questo approccio. Nel caso specifico di Mounier, il suo Personalismo sfugge all'essere una dottrina, perché è costruito sull'uomo stesso, e si basa sul modo personale di esistere, che è una ricerca concreta di liberazione, una liberazione che avviene nel rapporto dell'uomo con gli altri, attraverso la comunità inserita in una storia che ha un senso e una direzione verso un fine. Pertanto, questo Personalismo è cristiano per l'idea di Persona, che è tipicamente cristiana, ed etico-politico perché ha un'intenzione pratica e cerca, attraverso l'azione e l'impegno, una nuova società: la società personalista e comunitaria (Rangel, 2004, p. 19).

## 2.2.4- Intellettualismo: la principale antitesi del Personalismo

Di fronte all'*Intellettualismo, il* Personalismo assume una posizione molto decisa, ma senza adottare posizioni irrazionaliste, poiché l'Intellettualismo è la principale antitesi del Personalismo. In cosa consiste l'Intellettualismo? Consiste nella tentazione del pensiero di auto-ipostatizzarsi, diventando una realtà e un principio al di fuori o contro il principio della Persona. Ne sono un esempio il "mondo delle idee" di Platone, il "realismo esagerato degli universali" del Medioevo, la dea "Ragione" dell'Illuminismo, la "Logica" di Hegel, ecc. Possiamo definire questo Intellettualismo come un atteggiamento i cui tratti più caratteristici e importanti sono i seguenti:

a)      L'intellettualismo tende a scollegare il pensiero, separandolo dalla Persona;

b)      Una volta separato dal suo principio (Persona), il pensiero si oggettivizza, diventando realtà e principio;

c)      Di conseguenza, l'intellettualismo porta con sé il germe dell'irrazionalismo per quanto riguarda l'individualità personale. Kierkegaard cadde quindi nella trappola e accettò l'irrazionalità personale pur affermando la propria singolarità (Rangel, 2004, pp. 148-150).

I diversi tipi di sentimentalismo e volontarismo appaiono come una rivolta contro questo intellettualismo, una rivolta fallita perché ne accetta implicitamente i presupposti. Il personalismo, invece, emerge come filosofia che reintegra la conoscenza nell'insieme dell'attività umana (Teixeira, 1992, pp. 8789).

**2.3- La persona nella storia della filosofia**

**2.3.1- La filosofia della persona nel pensiero greco antico**

La filosofia greca ha contribuito poco alla prospettiva personalista. I filosofi dell'antichità si occupavano solo di pensiero impersonale, natura, anima individuale, partecipazione alla *polis,* immortalità dell'anima, idee, ecc. In tutti i sistemi filosofici greci non esiste un principio supremo (Dio) di natura personale. Ciò che possiamo trarre da essi per un chiarimento personalista sono i tre momenti della filosofia greca: La retorica e l'individualismo sofistici, il "conosci te stesso" socratico e l'"eros" platonico. Il termine προοσπον si riferiva inizialmente alla maschera. Dalla maschera si è passati al personaggio rappresentato. Poi dal ruolo all'attore e dalla funzione sulla scena al gioco sociale dell'individuo (Mounier, 1961a, pp. 11-12). Socrate, Platone e Aristotele non elencavano il singolare, perché l'individuo rimaneva solo nell'ombra della coscienza, anche se avevano un senso acuto della dignità dell'essere umano. Secondo Mounier, questi filosofi avevano una nozione embrionale di Persona e hanno contribuito in una certa misura alla nozione acuta di Persona sviluppata in seguito dai cristiani. È stata quindi necessaria un'evoluzione, con mutazioni che Nedoncelle ha chiamato "pulsioni personaliste" (Vanzeto & Alves, s.a., p. 4).

## 2.3.2- La filosofia della persona nell'antichità cristiana

L'ispirazione ultima del Personalismo affonda le sue radici nell'antropologia cristiana. Il cristianesimo è l'araldo di una decisiva innovazione nella Persona e porta con sé una nuova e diversa immagine di Dio e una nuova e diversa immagine dell'essere umano. Il cristianesimo ha contribuito notevolmente a perfezionare questa categoria, con il destino personale e immortale che ha attribuito all'essere umano. E le speculazioni dogmatiche sulla Trinità e sull'Incarnazione hanno reso estremamente preciso il vocabolario filosofico del termine *Persona*. Per i greci l'uomo è un essere sociale, come affermava Aristotele. Tuttavia, i cristiani si distaccano e assimilano la singolarità di questo essere sociale, perché l'uomo, essendo un essere sociale, ha le sue particolarità personali. Per i cristiani, Dio stesso ha fatto irruzione nel tempo e si è incarnato nella storia, proponendo a ogni uomo di partecipare alla sua divinità personale. E così l'uomo diventa Persona nel maturare se stesso per raggiungere la maturazione dell'umanità.

A questo punto, è opportuno sottolineare anche la visione che Sant'Agostino ha della persona. È sufficiente sottolineare il ruolo dato all'interiorità spirituale in cui l'uomo, cercando di conoscere se stesso, si scopre come immagine e somiglianza di Dio. Mentre lo sguardo oggettivista e intellettualista vuole vedere senza vedersi, lo sguardo agostiniano vuole vedere per vedere. Senza autocoscienza spirituale, non c'è conoscenza (Teixeira, 1992, p. 78).

È stato Boecio a dare una solida definizione della Persona come *naturae rationalis individua substantia* (sostanza individuale di natura razionale). In questa definizione, l'uso del termine *sostanza* può favorire l'immagine di una realtà statica, e l'uso del termine *razionale* può favorire l'eliminazione di aspetti importanti della Persona, come la dimensione comunitaria, la prassi, l'affettività, ecc. Tuttavia, nella misura in cui il concetto di *razionale* connota la volontà, la libertà, la socievolezza e l'autocoscienza, non riteniamo giustificato che alcuni personalisti insistano nello squalificare la

17

definizione beotiana di Persona (Cordon & Martinez, 1994, p. 153).

### 2.3.3- La filosofia della persona nel Medioevo

Sebbene la filosofia medievale fosse impegnata a ricercare il concetto di Persona a partire dalle coordinate di un'ontologia senza interessarsi tanto all'antropologia cristiana, possiamo trovare pensatori che hanno concepito la Persona in senso ontologico-assiologico. È il caso di San Tommaso, che definisce la Persona come il sussistente di una natura razionale. In realtà, San Tommaso difende l'individualità personale e questa è una delle caratteristiche fondamentali del Personalismo. Il Medioevo ha condotto la riflessione sulla Persona lungo un percorso al tempo stesso individualista e intellettualista, che ruota attorno alla definizione *beotiana* di Persona: *naturae rationalis individua substantia* (Cordon & Martinez, 1994, pp. 152-153).

### 2.3.4- La filosofia della persona nel pensiero moderno

I concetti relativi alla persona, come "il valore assoluto della persona", "la dignità della persona", ecc. non sono descrittivi, ma *valutativi; cioè,* non descrivono tratti o proprietà dell'essere umano, ma introducono valori. Esistono casi di concetti in cui coesistono descrizione e valutazione, come il concetto di "razionalità" e di "perfezione". Il concetto di "dignità", che è puramente valutativo, e altri ad esso collegati, hanno acquisito un'importanza spigolosa e decisiva nell'Età moderna. Possiamo ricordare, in ambito filosofico, Kant con il suo imperativo categorico: "agisci in modo da trattare l'umanità, sia nella *tua persona* che in quella dell'*altro,* sempre come un fine e mai solo come un mezzo". E nella sfera politica, le varie dichiarazioni dei diritti umani hanno persino insistito sulla dignità umana (Cordon & Martinez, 1994, pp. 153-154).

In una certa misura, tutta la filosofia moderna è animata dal personalismo. Vediamo:

a)       L'umanesimo, contro l'intellettualismo arabo averroista, riprende Sant'Agostino.

b)       Nella retorica contro la vuota dialettica della scolastica decadente, compare il tema dell'uomo come microcosmo, *copula mundi* (cfr. Ficino e Pico della

Mirandola).

c) *Il cogito* cartesiano è stato conquistato sulla scia di Agostino.

d)     La *persona* in Kant è il frutto dell'intellettualismo di Malebranche e Leibniz, che a sua volta è il frutto del razionalismo cartesiano.

e)     È dal neocriticismo kantiano che parte il personalismo contemporaneo (Teixeira, 1992, p. 79).

### 2.3.5- La filosofia della persona nel pensiero contemporaneo

Nel XX secolo si sono sviluppate vere e proprie filosofie della persona come reazione al clima filosofico che tendeva a concepire il soggetto personale come nient'altro che il centro accidentale e inconsapevole di una semplice combinazione di elementi passeggeri. Nacquero così filosofi con l'obiettivo di reagire a questo modo di concepire il soggetto personale: Bergson, Scheler, Gabriel Marcel, ecc. Ma è con Mounier che il personalismo acquisisce una dimensione etico-politica. Sensibile al lato comunitario di ogni attività individuale, Mounier vuole collocare il Personalismo agli antipodi dell'Intellettualismo. Se nell'ordine della *natura l'*altro è un limite per l'*io,* nell'ordine della *Persona* diventa una fonte.

Tra le correnti che si sono definite personaliste, ne distingueremo due fondamentali: Personalismo americano e Personalismo europeo.

a)     *Il personalismo americano* è generalmente legato a posizioni idealistiche. In alcuni filosofi, come J. Royce, M.W. Calkins, ecc. Calkins, ecc. si tratta di un *idealismo assoluto, di* tipo hegeliano, in cui si può parlare di *Personalismo assoluto. Il* principio esplicativo ultimo di tutta la realtà è *personale,* poiché questo principio è una Mente o Spirito, di cui tutta la realtà non è altro che una manifestazione o determinazione. In altri filosofi, come G.H. Howinson, B.P. Bowne, ecc. si tratta di un *Idealismo pluralistico,* nella concezione monadologica leibniziana della realtà.

b)     *Il Personalismo europeo* non è più legato in alcun modo a posizioni filosofiche idealistiche. La sua ispirazione ultima risiede nella concezione cristiana dell'essere umano e nel valore assoluto che il cristianesimo riconosce e conferisce alla persona umana. Il Personalismo europeo più caratteristico è la corrente Personalista francese degli anni Trenta. Nasce e si sviluppa come tale soprattutto intorno alla rivista *Esprit* e alla figura del suo fondatore, Emmanuel Mounier. Il punto di riflessione fondamentale di questo Personalismo è il concetto di Persona, nella sua inoppugnabilità, inviolabilità, libertà, creatività e responsabilità, di Persona incarnata in un corpo, situata nella storia e costitutivamente comunitaria. Le sue strette influenze filosofiche si trovano nella filosofia europea contemporanea, in particolare nella Fenomenologia e nell'Esistenzialismo, oltre che nelle circostanze socio-politiche europee e nella presenza attiva e stimolante del marxismo. Pensatori come Jean Lacroix, Paul Ricoeur e Maurice Nedoncelle sono legati a questa corrente, sebbene le loro posizioni e i loro interessi non siano uniformi. Il Personalismo di ispirazione francese si basa sulla tradizione introspettiva della filosofia da Cartesio in poi, con precursori come Socrate (secondo Mounier "Conosci te stesso" è stata la prima grande rivoluzione personalista a memoria d'uomo), Leibniz e Kant (a cui, secondo Mounier, il Personalismo deve molto), Pascal (il "più grande maestro" del Personalismo), Maine du Biran ("il precursore moderno del Personalismo francese") (Reale & Antiseri, 1991, pp. 725-729).

## 2.4- Contestualizzazione del personalismo in Europa

### 2.4.1- Contesto socio-politico

A partire dal XVIII secolo, in Europa emersero uomini che ebbero una grande influenza sul mondo europeo. Questo secolo divenne noto come l'Età dei Lumi, perché predicava il progresso e l'età della ragione. In Francia, ad esempio, vi furono tre grandi figure: Rousseau, che fondò la democrazia e sostenne che la società civile era il risultato del contratto sociale; Montesquieu, che formulò la teoria dei tre poteri: legislativo, esecutivo e giudiziario; e Voltaire, che si batté per la libertà in tre ambiti: intellettuale, religioso e politico. Tutti questi cambiamenti culminarono nella Rivoluzione francese del 1789, abbattendo le barriere e indicando nuovi orizzonti per la società, come l'espansione commerciale e industriale, nonché l'accentuazione di un nuovo sistema economico e politico: Il capitalismo.

Sulla scia di questi cambiamenti, la società si è definitivamente staccata dal sistema feudale e ha dato il via allo sviluppo del capitalismo, un sistema che è arrivato nel XX secolo con piena forza ed espansione. La sua caratteristica principale è la concentrazione del capitale privato. Così, i proprietari del capitale si sono riuniti in blocchi, dando vita a poteri dominanti di capitale, tecnologia, industria, commercio, ecc. Nella loro smania di dominare il mercato, queste potenze hanno iniziato a competere per lo spazio commerciale. Ciò ha portato a due guerre mondiali. La prima guerra mondiale (1914-1918) ha portato sulla razza umana le devastazioni della morte, della fame, dell'esclusione, del disordine, ecc. Inoltre, la borghesia si è indebolita, dando origine a regimi totalitari come il fascismo in Italia e il nazismo in Germania. Nel Nord America, gli Stati Uniti, vittoriosi nella Prima guerra mondiale, entrarono in una profonda crisi economica (1929-1933), che portò il Paese a un declino economico molto forte. Gli esseri umani erano allora valutati solo per ciò che producevano e non per ciò che erano. Inoltre, quando tutto sembrava in ordine, scoppiò la Seconda guerra mondiale (1939-1945), che aggravò ulteriormente la situazione dell'uomo e della sua libertà, poiché i suoi valori essenziali si restrinsero con l'emergere dei progressi tecnologici e delle nuove scoperte della scienza. Dopo le due guerre, due gruppi antagonisti guidavano il mondo: l'Unione Sovietica e gli Stati Uniti. Questo ha dato origine alla Guerra Fredda. Di conseguenza, gli altri Paesi del mondo si allinearono attorno a una delle due superpotenze, formando due blocchi: il blocco capitalista e il blocco socialista. Con le due superpotenze, il mondo iniziò a vivere in un clima di possibile terza guerra mondiale.

Mounier ha vissuto le tragedie dei primi cinquant'anni del XX secolo e, toccato dalla sofferenza della persona, ha iniziato le sue riflessioni filosofiche sul valore e sul risveglio della persona. Come si vede, le questioni assiologiche erano state bandite e ferite dall'avvento del capitalismo e dalle sue drastiche conseguenze. Nasce così in Francia la corrente filosofica personalista (Vanzeto & Alves, s.a., pp. 2-4).

### 2.4.2- Correnti anti-personaliste e riduttive della Persona

### A) In generale

Il capitalismo, il marxismo, l'anarchismo, l'esistenzialismo, il fascismo e tutti i sistemi totalitari della prima metà del XX secolo sono le correnti con cui il personalismo dovrà confrontarsi, perché alcune vanno contro e altre riducono il concetto di persona. Il Personalismo, affermando il primato della Persona sull'individuo e sul sistema, criticherà aspramente tutte queste correnti perché il punto in comune tra loro sta nell'annientamento della Persona, sia da parte dell'individuo che del sistema. Tutte le critiche che solleverà hanno in comune il fatto di basarsi su una prospettiva cristiana del mondo, dell'esistenza e della storia. E il suo obiettivo principale sarà quello di definire una quarta possibilità, separandosi dal liberalismo, dal marxismo e dai fascismi di ogni tipo.

Ora, seguendo la traccia di Carine Ayati nel suo articolo intitolato *L'economie selon Emmanuel Mounier ou la rencontre du spiritual et du temporel,* vediamo come il Personalismo di Mounier assuma una posizione critica nei confronti di queste correnti.

### (i) Critica del capitalismo, dell'individualismo e del liberalismo

Il capitalismo vede le cose e gli esseri umani come meri oggetti, riducendo tutto l'essere al mero avere. Questo comprometterà tutto ciò che di umano c'è nella persona. D'altra parte, finché le istituzioni sociali non condannano il principio della fecondità del denaro, il primato del profitto diventerà sempre più l'unico motore dell'azione umana e la società farà della separazione tra capitale e lavoro il principio centrale della sua organizzazione (Mounier, 1961a, pp. 52-53).

Per Mounier, la causa principale di questa trasformazione è l'emergere dell'individuo. Per questo la critica del capitalismo è strettamente legata alla critica dell'individualismo. Nell'Individualismo, gli individui sono pensati e considerati in modo isolato. E gli interessi dell'individuo finiscono per avere la precedenza sugli interessi della società. Ma questo individuo appare infine come un essere astratto, in ogni punto opposto alla Persona, che è un essere concreto. L'individuo ignora tutto ciò che riguarda l'amore e la gratuità, mentre la Persona è capace di tutto questo. L'individuo annuncia la morte dell'uomo (Mounier, 1961a, pp. 33-35). Fusione di individualismo e capitalismo, il liberalismo appare come una menzogna: è tutto fuorché umanesimo. Tuttavia, è un male minore rispetto ai regimi totalitari, perché lascia uno spazio aperto alla possibilità che qualcuno abbia un'esperienza umana.

Dice Mounier (1961b, p. 20):

> Più di ogni altra cosa, e questa è la parte essenziale della sua opera, Marx mostra l'illusione di questa pseudo-libertà in un mondo governato dalle esigenze dei mercanti e del denaro, o la libertà inorganica del liberalismo che apre la strada alla lenta infiltrazione di poteri occulti in ogni organizzazione sociale. Una, la potenza anonima dell'argenteo ha occupato tutti i posti della vita economica, poi è scivolata senza bisogno di essere trasferita ai posti della vita pubblica; ha guadagnato definitivamente la vita privata, la cultura e la religione. Riducendo l'uomo a un'individualità astratta, senza vocazione, senza responsabilità, senza resistenza, *l'individualismo borghese è il portatore responsabile del regno dell'argento* (...)[2].

Criticando il capitalismo, l'individualismo e il liberalismo, la dottrina di Mounier sulla proprietà segue il pensiero cristiano medievale: *gestione personale e uso comune dei beni.* Sosteneva una sorta di economia pluralista.

**(ii) Critica dell'esistenzialismo**

Gli elementi che avvicinano il Personalismo all'Esistenzialismo sono numerosi: il fatto che enfatizzi la libertà interiore; la visione drammatica dell'esistenza che invita a definire l'esistenza come un "risorgimento spirituale permanente"; ecc. Ma anche le divergenze sono numerose: L'esistenzialismo enfatizza il posto del solipsismo e del pessimismo e vede il nulla in ogni cosa; inoltre, tutte le forme di oggettività sono ignorate dall'esistenzialismo: il mondo, le strutture sociali e la storia. Vediamo quindi

---

[2] Meglio di chiunque altro, Marx ha mostrato l'illusione di questa pseudo-libertà all'interno di un mondo governato dai bisogni delle merci e del denaro, dove la libertàinorganica del liberalismo è stata la strada aperta per la lenta infiltrazione di poteri nascosti nell'intero organismo sociale. Gradualmente, questo potere anonimo del denaro si è impadronito di tutte le posizioni della vita economica, poi si è infiltrato inosservato nelle posizioni della vita pubblica e, infine, si è impadronito della vita privata, della cultura e persino della religione. Riducendo l'uomo a un'individualità astratta, senza vocazione, senza responsabilità, senza resistenza, l'*individualismo borghese è il custode responsabile del regno del denaro* (...).

come il Personalismo si contrappone a

L'esistenzialismo soprattutto nell'ambito della comunicazione e della conversazione personale.

a) *Critica della comunicazione: A* questo proposito, il

L'esistenzialismo - soprattutto quello ateo - se ne occupa semplicemente per dimostrarne l'impossibilità, e in questo senso è molto diverso dal personalismo. Se per l'Esistenzialismo cristiano c'è sempre una promessa di riconciliazione dietro gli abissi di solitudine tra gli esseri, per il ramo ateo non c'è altro lago tra gli esseri che quello del conflitto e della sottomissione. Per Heidegger e Sartre, ad esempio, non esiste altra autentica comunità che quella della disperazione. Per loro, la comunicazione è un fallimento perpetuo. Negando questa posizione, Mounier offre una soluzione cristiana al problema della comunicazione: spogliare l'esistente dei suoi atteggiamenti di possesso. Questo è il tema della *disponibilità cristiana.* Così, possiamo parlare di ammirazione, di fedeltà creativa, che è questa presenza sempre disponibile all'altro. La presenza dell'altro non mi congela più. Al contrario, è una fonte gradita e necessaria di rinnovamento e di creazione. Per Mounier, l'esperienza dell'altro è l'esperienza dell'inesauribile, è un'esperienza di trascendenza (Mounier, 1962, pp. 82-89).

b) *Critica della conversazione personale:* Per il Personalismo e l'Esistenzialismo, l'essere umano esiste su una struttura che lo costituisce come essere personale di fronte all'inerzia e all'impersonalità della cosa. Ma l'Esistenzialismo, in generale, non ha sempre evitato la chiusura dell'individuo in se stesso. La reazione contro l'impersonalità delle filosofie idealiste o materialiste ha spesso chiuso l'individuo nella solitudine. Certo, la solitudine è necessaria per il raccoglimento, per l'approfondimento, per la trasfigurazione di tutta l'esistenza, e tutto l'Esistenzialismo sviluppa una dialettica della conversazione, che è appunto la lotta contro il dominio dell'impersonale: Il "divertissement" di Pascal, lo "stadio estetico" di Kierkegaard, la vita inautentica o il mondo del "se" di Heidegger, la "ma-fe" di Sartre, l'"indisponibilità" e la "possessività" di Gabriel Marcel. La conversazione personale consiste quindi nell'uscire dallo stadio dell'indifferenza per raccogliersi e cogliere la decisione, la scelta. Su questo punto il Personalismo non può che sentirsi in perfetto accordo con l'Esistenzialismo. Ma il personalismo insiste sull'ambivalenza dell'interiorità. Non c'è interiorità senza esteriorità che la sostenga e la controbilanci. L'interiorità non è ruminazione solitaria, isolamento egocentrico, disprezzo per l'impersonale e per i social media. Quello che chiamiamo raccoglimento è ambiguo e può trasformarsi in una sorta di auto-assorbimento, che è il pericolo di una vita spirituale troppo attenta a se stessa. Per il Personalismo, il raccoglimento ha un significato diverso: anche se inizia con l'inadeguatezza o il fallimento, non cerca la fuga, ma una concentrazione di forme per un impegno migliore. Non cerca il silenzio per il silenzio, né la solitudine per la solitudine, ma il silenzio perché in esso ci si prepara alla vita, e la solitudine perché in essa si riscopre l'uomo. Con Heidegger, l'esistente viene realmente tirato fuori dalla dispersione del "se". Per Heidegger, la conversazione personale non è una trasfigurazione, ma una trasparenza dell'esistenza, una perfetta lucidità. Non porta a nulla. Troviamo la stessa insufficienza in Sartre, perché la sua libertà è l'opposto, ad esempio, della disponibilità di Gabriel Marcel, perché non si apre a nulla, non si offre a nulla, è una libertà per nulla (Mounier, 1962, pp. 55-59).

**(iii) Critiche all'anarchismo**

Nel quadro della sua strategia, che consiste nel non separarsi dal movimento operaio, Mounier deve collocare il personalismo in relazione alla corrente anarchica. Egli ritiene che all'interno del movimento operaio esista una profonda tradizione che privilegia l'anarchismo rispetto al marxismo o al socialismo. Cercherà di dimostrare che il Personalismo trova nelle profonde intuizioni dei grandi pensatori anarchici, come Bakounine, Kropotkine e soprattutto Proudhon, alcuni punti in comune.

La sua principale critica agli anarchici è che hanno confuso *autorità* e *potere*, perché la loro critica al potere li porta a rifiutare ogni autorità legittima. La critica di Mounier consiste nella distinzione tra *autorità*, definita come fondamento del potere, *potere*, che è lo strumento di questa autorità, e *potenza*, che materializza questo potere.

Inoltre, non c'è necessariamente una contraddizione tra *libertà* e *potere*. Si può essere liberi quando c'è un potere, ma a condizione che questo potere poggi su un'autorità reale che, per Mounier, è fondamentalmente morale in quanto rappresenta un sistema di valori.

### (iv) Critica del fascismo e del totalitarismo

La critica al fascismo è una costante del pensiero personalista. Innanzitutto, egli denuncia tutte le forme di totalitarismo che, come il liberalismo, negano la dimensione interiore della persona. Infatti, Mounier afferma che un mondo di persone non può essere totalizzato. E se i fascismi, come il personalismo, privilegiano l'idea di comunità, lo fanno solo per diluire l'individuo che la compone.

In realtà, la comunità fascista è una pura illusione perché risiede completamente al di fuori dell'individuo e gli è estranea. D'altra parte, la mistica del leader che quasi sempre l'accompagna non è altro che il travestimento mascherato di una malsana ambiguità del potere personale.

### B) I due bravi della rivoluzione socratica del XX secolo: Esistenzialismo e marxismo

A partire dal XIX secolo, si sono formate due diverse correnti contro il sistema spiritualista e borghese dell'epoca. Il primo, con Kierkegaard, invita l'uomo a prendere coscienza della propria soggettività e libertà; il secondo, con Marx, denuncia le mistificazioni delle strutture sociali.

Qui vediamo l'estremismo storico delle separazioni e delle dicotomie, perché da un lato abbiamo l'individualismo e dall'altro il collettivismo. Il tentativo di Mounier è quello di far sì che le idee di Marx e Kierkegaard superino le loro differenze per raggiungere l'unità.

L'evoluzione di questi due rami sfocerà, nel XX secolo, in due correnti filosofiche: L'esistenzialismo, che cerca di risolvere problemi personalistici come la libertà e l'angoscia, e il marxismo, che cerca di proporre la demistificazione dell'idealismo in relazione all'uomo.

Queste due correnti filosofiche saranno considerate da Mounier come i due rami della rivoluzione socratica del XX secolo, poiché condividono molte caratteristiche con il personalismo, come vedremo nei due punti seguenti *(Frammenti di cultura,* gennaio/febbraio 2007, p. 123).

### (i) Esistenzialismo: consapevolezza della crisi del significato

Subito dopo la seconda guerra mondiale, il Personalismo ha affrontato il problema dell'Esistenzialismo. Nella sua *Introduzione all'Esistenzialismo,* Mounier cerca di risalire alle fonti lontane dell'Esistenzialismo, delineando l'albero esistenziale le cui radici risalgono a Socrate, agli Stoici, ad Agostino, ecc. Da lì, mostra lo sviluppo di questa filosofia nel mondo di oggi, insistendo sulla modernità di Pascal dietro Kierkegaard, Nietzsche e Heidegger (Mounier, 1962, pp. 7-8).

Oggi l'uomo ha perso le chiavi del suo universo. È questa consapevolezza che ha favorito il risveglio esistenziale. L'uomo sta tornando alla serietà, alla gravità e persino al pessimismo radicale. Secondo Mounier, le cause sono molteplici. L'esistenzialismo è innanzitutto una reazione contro la filosofia della felicità. Dio è morto! Ripetono gli esistenzialisti atei dopo Nietzsche.

Gli esistenzialisti cristiani, da parte loro, vogliono riscoprire il cristianesimo autentico dietro un cristianesimo compiacente. D'altra parte, la crisi contemporanea è una crisi dell'uomo borghese: assistiamo allo spostamento della nozione classica di uomo. Naturalmente, gran parte di questo va attribuito anche allo smarrimento nato dalle due guerre mondiali: l'epoca dei campi di concentramento, che ha visto l'abuso estremo dell'uomo, non favorisce molto l'ottimismo.

Oggi l'uomo vive nel terrore. Non crede più nel progresso, nella scienza o nell'umanesimo. Gli idoli che hanno sostituito il Dio perduto (la ragione, lo Stato, il raga, ecc.) hanno perso credibilità e si annullano a vicenda. È in questi tempi di crisi che ci interroghiamo maggiormente sull'uomo e sul senso del destino umano.

L'esistenzialismo ha avuto la sfortuna di diventare una moda che si è autodefinita "l'ultima assurdità del secolo" e di confondersi con la filosofia della disperazione. Basta notare che l'Esistenzialismo ateo e le dottrine socialiste atee riprendono la descrizione pascaliana della condizione umana, spesso impoverendola. Queste filosofie dell'impegno che Scheler, Jaspers, Landsberg, Kierkegaard dietro di loro, Gabriel Marcel davanti a loro e il giovane Personalismo francese, avevano già sviluppato da tempo. Se il Personalismo non ha inventato i temi dell'Esistenzialismo, dobbiamo riconoscere che li ha rinnovati, ponendoli al centro della sua filosofia, anche prima dell'esplosione dell'Esistenzialismo del dopoguerra.

**(ii) Marxismo: alienazione del lavoro e de-alienazione attraverso la rivoluzione**

Siamo alla fine del XIX secolo. Nel *Manifesto del Partito Comunista,* Marx ed Engels osservano che la società è composta da due classi: la *borghesia, costituita* dai capitalisti, proprietari dei mezzi di produzione e datori di lavoro dei salariati; e il *proletariato,* che è costituito dai salariati che, non avendo mezzi di produzione propri, sono costretti a vendere la loro forza lavoro per vivere. Così, Marx postula il Materialismo Storico come il risultato del conflitto delle forze economiche, dove la lotta di classe è la legge immanente nella Storia.

Per Marx, l'uomo si distingue dagli animali perché produce i propri mezzi di sopravvivenza. Ciò che è coincide con ciò che produce e come lo produce. Producendo, produce la sua vita. Lo sviluppo delle forze produttive ha portato alla divisione e alla distinzione del lavoro (industriale, artigianale, commerciale, ecc.) e questo ha portato anche alla distinzione tra città e campagna e quindi anche alla proprietà privata e alla disuguaglianza sociale. Quindi vediamo che l'uomo, soprattutto l'operaio, lavora solo per la sua sussistenza.

Marx ed Engels affermano nel loro *Manifesto* che "ciò che l'operaio ottiene dal suo lavoro è strettamente necessario per la mera conservazione e riproduzione della sua vita". Così, il lavoratore diventa una merce nelle mani del capitale. Questa è *l'alienazione del lavoro.* Tutte le altre forme di alienazione (politica, religiosa, ecc.)

derivano da questa alienazione. Questa alienazione rende il lavoratore tanto più povero quanto più ricchezza produce. Il suo lavoro diventa un oggetto (e non la natura) ed egli viene ad esistere al di fuori del lavoro, indipendente da esso, estraneo ad esso al punto che il lavoro diventa potere in sé. Così, più l'uomo produce, meno consuma, più il lavoro è forte, più l'uomo diventa debole, più il lavoro è spirituale, più l'uomo diventa materiale e schiavo della natura.

Ma oggi l'introduzione delle macchine ha peggiorato ulteriormente questa alienazione. Marx ed Engels affermano nel loro *Manifesto* che "l'uso crescente di macchine e la divisione del lavoro, privando il lavoro dell'operaio del suo carattere autonomo, lo hanno privato di ogni attrattiva. Il produttore diventa una semplice appendice della macchina e gli viene richiesta solo l'operazione più semplice e monotona, la più facile da afferrare. In questo modo, il costo del lavoratore si riduce quasi esclusivamente ai mezzi di mantenimento necessari per vivere e procreare. Il prezzo del lavoro, come quello di qualsiasi merce, è pari al costo di produzione.

Pertanto, quando la natura noiosa del lavoro aumenta, i salari diminuiscono. Quanto più si sviluppano le macchine e la divisione del lavoro, tanto più aumenta la quantità di lavoro, sia allungando le ore, sia aumentando la quantità di lavoro richiesta in un determinato tempo, sia accelerando il movimento delle macchine, ecc. Oggi le macchine sostituiscono il potere umano, contribuendo al peggioramento della situazione del proletariato. Pertanto, la macchina deve essere processata, la macchina deve essere accusata. Essa commette un'astrazione, perché ignora ciò che non può essere misurato: l'uomo.

L'industria stessa, che è lo spazio in cui opera la macchina, è un'astrazione perché ignora ciò che non può essere usato: l'uomo. Lo scambio di prodotti sul mercato, che è il fine della produzione industriale, è un'astrazione perché ignora ciò che non può essere valutato: l'uomo. Con la forza dell'ignoranza, l'uomo è dimenticato e con la forza dell'oblio, l'uomo è negato. O

Il tecnicista tende ad essere quello per cui esistono solo risultati misurabili, valori commerciali e non relazioni umane.

Per Marx, questa alienazione è legata al regime capitalistico e il socialismo deve introdurre nel mondo tecnicizzato uno scopo umano che possa neutralizzare i suoi poteri alienanti. Ma Marx conosceva solo i primi passi, ancora moderati, del furore tecnico. Mounier dice che non poteva misurare ciò che sperimentiamo oggi; cioè, non poteva misurare il livello di accelerazione dell'organizzazione tecnica che è così alto e che domina tutto. Marx cerca di bloccare questa forza di alienazione capitalistica con un postulato gratuito e irrilevante. Questa alienazione è molto più profonda di una semplice alienazione dal lavoro. In questo senso, l'opera di salvataggio dell'uomo da questa alienazione non può consistere solo nel crollo del capitalismo e nell'avvento del comunismo, ma nel salvataggio della persona attraverso una rivoluzione personalista e comunitaria (Mounier, 1959, pp. 57-58).

Un'altra osservazione importante in cui Mounier si oppone al marxismo è che l'ottimismo che il marxismo professa sul futuro dell'uomo è un ottimismo dell'uomo collettivo che maschera un pessimismo radicale della Persona. Egli afferma (1961b, pp. 41-42) quanto segue:

> Tutta la dottrina dell'alienazione presuppone che l'individuo sia incapace di trasformarsi (...). Le masse, invece, sono fermenti, ospiti e creatori: tolgono l'individuo dal sole e lo trasformano digerendolo, in altre parole, nelle loro strutture. Affermiamo contro di lui che *la persona è la sola responsabile della sua salute, e che a lei sola spetta la missione di apportare l'esprit la ou l'esprit disparait.* La massa non apporta che le condizioni di esistenza e di ambiente, necessarie, ma non creative. Se ha un valore, è solo grazie alle persone che la compongono e alla comunione in cui la loro realizzazione è il presupposto.[3]

La rivoluzione marxista si afferma come rivoluzione di massa, a differenza di Mounier, che propone una rivoluzione personalista e comunitaria.

---

[3] L'intera dottrina dell'alienazione presuppone che l'individuo sia incapace di trasformarsi (...). Le masse, invece, sono chiuse, radicate e creative: trattengono l'individuo e lo trasformano digerendolo nelle loro strutture (...). Noi sosteniamo contro di lui che *l'individuo è l'unico responsabile della propria salvezza e che solo lui ha il compito di riportare lo spirito là dove scompare. La* massa porta solo le condizioni di esistenza e l'ambiente, che sono necessarie ma non creative. Se ha un valore, questo è per le persone che la compongono e per la comunione il cui compimento per ciascuno è il presupposto".

## 2.5- Paralleli e confronti tra le posizioni di Buber, Sartre e Mounier

Presentare paralleli e confronti tra Buber, Sartre e Mounier è un'alternativa valida e attuale, dato che questi grandi filosofi hanno vissuto tutti i drammi del XX secolo che abbiamo appena descritto. Per questo motivo, portano i segni di una crisi profonda. Coinvolti in questa realtà, hanno saputo dare risposte sulla condizione umana che, di fronte alla disperazione, all'angoscia, alla perdita di senso, alla paura, al clima di individualismo e di collettività, rischiava di sfuggire dalle loro mani.

### 2.5.1- Una filosofia della relazione in Martin Buber

### A) La filosofia della relazione in "Io e te"

Il contributo di Buber all'uomo contemporaneo è molto significativo, perché lo porta a rivedere il senso dell'esistenza umana, poiché la sua vocazione è quella di condurre gli uomini ad aprire gli occhi sulla situazione concreta che stanno vivendo: individualismo e collettivismo. Da qui parte per scoprire il significato del concetto di relazione per significare ciò che è essenziale tra gli esseri della natura e tra gli uomini e Dio.

Verrà presentata la filosofia della relazione di Buber, a partire dalla sua opera "Io e Tu". All'interno di quest'opera, ci sono espressioni create e utilizzate da Buber, che portano con sé l'epifania di un pensiero radicato nella persona umana come essere di relazione. Per quanto riguarda questi giochi di parole, cioè *io-tu* e *io-cosa,* Buber li chiama *parole principio* (o parole base o parole fondamento). È evidente l'importanza che Buber attribuisce alle parole-principio, perché, secondo lui, la parola è portatrice di essere e, quindi, è molto più di un semplice insieme di simboli e segni. Si può dire che è attraverso la parola che l'uomo introduce se stesso nell'esistenza. Attraverso la parola, l'uomo manifesta la sua realtà interiore e rende possibile la relazione, una relazione che è frutto dell'incontro. Da questo sappiamo che la persona umana nasce in una comunità linguistica con una storia e una tradizione. In questo contesto, possiamo vedere che la persona che vi è arrivata ha accesso alla sua storia, e ciò che garantisce questa esperienza, il legame con il presente, il passato e l'anticipazione del futuro, è il linguaggio, cioè la parola. Alla luce di ciò, si può dire che la parola è patrimoniale e comunitaria. Non è intenzione di Buber presentare un'analisi linguistica, ma è il significato esistenziale di questi termini che, per il loro contenuto e la loro intenzionalità, sono realmente i principi dell'esistenza umana. Il principio è inteso come fondamento esistenziale del processo di appello all'esistenza, alla realtà dell'essere-uomo. La parola è il fondamento della relazione dell'uomo. Le "parole principio" non significano cose, ma annunciano relazioni; non descrivono qualcosa che può esistere indipendentemente da esse, ma, una volta pronunciate, fondano l'esistenza.

Le parole iniziali rappresentano modi di essere che, una volta ammessi alla realtà, rivelano la profondità della relazione. È quindi essenziale dimostrare il ruolo significativo che le parole principio svolgono nelle relazioni a diversi livelli. A tal fine, diventa indispensabile la caratterizzazione delle parole principio (Lorenz, 2008, pp. 23-24).

**B) Parole principali**

Le parole principali *(Io-tu* e *Io-cosa)* esprimono i due atteggiamenti dell'uomo nei confronti del mondo e dell'essere. L'*io-tu* è l'atto essenziale dell'uomo, l'atteggiamento di incontro tra due partner nella reciprocità e nella conferma reciproca. A sua volta, l'*Io-cosa* è l'atteggiamento caratterizzato dall'oggettivazione; in altre parole, l'esperienza dell'uso. Alla luce di questi atteggiamenti, si può dire che pronunciando una qualsiasi delle parole principio si fonda un'esistenza in modo reciproco o utilitaristico; per questo si dice che le parole principio, una volta annunciate, hanno trovato un modo di esistere.

L'uomo attira a sé la realtà che lo circonda, sperimenta la natura e acquisisce conoscenze sulla sua costituzione e sul suo modo di essere; ma "non si avvicina al mondo solo attraverso le esperienze. Queste gli presentano solo un mondo fatto di questo, questo e questo...". (Buber citato da Lorenz, 2008, p. 26). Data questa condizione, "l'esperiente non partecipa al mondo: l'esperienza ha luogo 'in lui' e non tra lui e il mondo" (Buber citato da Lorenz, 2008, p. 26).

Si comprende, quindi, che attraverso l'esperienza, l'uomo non forma relazioni e che sperimentando l'altro e dicendo *questo* e relazionandosi e dicendo *tu*. *L'*uomo, come già sappiamo, è un essere relazionale e questo implica che ha la capacità di stabilire un legame con il prossimo e, a partire da questo, si sottolinea il "tra", "il luogo dove diventa possibile l'accettazione e la conferma ontologica dei due poli coinvolti nell'evento della relazione" (Buber, cit. da Lorenz, 2008, p. 26). Il luogo in cui si stabilisce la relazione è "l'uomo con l'uomo", cioè "tra". Alla luce di queste considerazioni, ciò che vogliamo sottolineare è che l'uomo non può godere della sua esistenza senza l'altro.

Daremo maggiore enfasi al principio della parola *Io-Tu,* perché questo è il fondamento della relazione, dato che quando "il *questo* è presente all'*Io,* non possiamo dire che l'*Io* è in presenza del *questo*" (Buber, cit. da Lorenz, 2008, p. 26), perché l'alterità essenziale si stabilisce solo nella relazione *Io-Tu.* Nella relazione Io-Tu, *l'*altro non è nella sua alterità, in altre parole, l'uno non diventa presente all'altro. Pertanto, affinché ci sia una relazione, è essenziale e necessario che uno diventi presente all'altro. A questo proposito, abbiamo dimostrato ciò che Buber caratterizza come *presentificazione* e che questo avviene nella relazione dialogica.

Buber afferma che "la relazione interumana nel dialogo non si riduce a una conversazione, a un mezzo di comunicazione tra due individui. Il dialogo è un'azione reciproca tra due esseri concreti e ben determinati. L'*io* non *si* relaziona con "qualcun altro", ma con un altro ben determinato. Questa azione reciproca comporta non solo l'affermazione o l'accettazione dell'alterità dell'altro, ma anche la conferma di questo altro" (Buber citato da Lorenz, 2008, p. 27).

Il primato dato alla relazione *io-tu,* nel suo senso più profondo dell'esistenza umana, non deve escludere o rendere negativo l'atteggiamento *io-cosa; al* contrario, è uno dei modi dell'uomo di rapportarsi al mondo che lo circonda. È attraverso questo atteggiamento che l'essere relazionale dischiude i segreti della natura sotto la sua azione e il suo protagonismo; tuttavia, esso diventa un male nel momento in cui l'uomo fa convergere i suoi valori unicamente su questa modalità di esistenza, che favorisce l'indisponibilità e l'irresponsabilità verso l'altro, il mondo e Dio.

Sulla base della consapevolezza che il dialogo è al centro delle relazioni umane, è necessario l'elemento della totalità che, a sua volta, "non è semplicemente la somma degli elementi della struttura relazionale". Questa totalità è legata alla totalità del partecipante all'evento. Questa totalità deve essere intesa come una concentrazione sul suo intero essere" (Buber citato da Lorenz, 2008, p. 27).

La centralità dell'essere, messa insieme tra le persone coinvolte nella relazione, si presenta in modo totale e, di conseguenza, c'è l'attualizzazione del fenomeno della relazione, che si dà attraverso la reciprocità.

La relazione dialogica che esiste tra *me* e te avviene quando la totalità dell'uno si intreccia con la totalità dell'altro. Non dobbiamo dimenticare che, affinché ciò sia possibile, la parola-principe *Io-Tu deve essere alla base* della relazione e, di conseguenza, la contemplazione, la reciprocità e la presentificazione diventano presenti, perché l'uno è implicato nell'altro, finché la parola-principe *Io-Tu* viene pronunciata.

In un'esistenza fondata sul dialogo, spicca il fenomeno della risposta, che è considerata una delle manifestazioni concrete dell'esistenza della sfera del "tra". A questo livello, *parola* e *prassi* si confondono; cioè, a livello di dialogo, o dia-logos e dia-praxis, c'è già un'interazione "tra" me e te. Si può dire che ricevere e rispondere alle parole è il cuore della categoria "tra" o l'espressione vissuta della reciprocità esistente (Lorenz, 2008, pp. 24-26).

### C) La realizzazione dell'amore tra il *sé* e il *tu*

"L'amore è responsabilità" (Buber, cit. da Lorenz, 2008, p. 27), perché, necessariamente, chi ama sa dire tu. Perché chi risponde, partendo dalla contemplazione, si dona all'altro e l'altro lo accetta, così che l'uno diventa presente all'altro e, con questo, si genera la reciprocità che, di conseguenza, genera amore e responsabilità. La reciprocità che esiste nella relazione *Io-Tu* genera l'unità, la vita in dialogo, in altre parole, non sono io e tu, ma *Io-Tu,* che a sua volta genera amore.

L'amore è una forza cosmica. Per colui che dimora e contempla nell'amore, gli uomini si staccano dal proprio confuso groviglio di cose, buone e cattive, sagge e stolte, belle e brutte, una dopo l'altra, diventano tutte attuali, diventano voi; cioè esseri distaccati, liberi, unici, li incontra ciascuno faccia a faccia. L'amore è la responsabilità di un "*Io*" nei confronti di un "*Tu*": è l'uguaglianza di chi si ama, un'uguaglianza che non può consistere in un sentimento qualsiasi, un'uguaglianza che va dal più piccolo al più grande, dal più felice e sicuro, da colui la cui vita è racchiusa nella vita di una persona amata, a colui che è crocifisso durante la sua vita sulla croce del mondo per aver potuto e osato fare qualcosa di incredibile: amare gli uomini.

Non dobbiamo confondere l'amore con il sentimento, perché il sentimento è già presente nell'essere umano, a differenza dell'amore, che avviene semplicemente attraverso una relazione dialogica che si stabilisce tra gli esseri umani. La realizzazione dell'amore richiede intrinsecamente una relazione tra il *sé* e *l'*altro, in modo che la presenza dell'uno sia presente nell'altro. Quando gli esseri umani si relazionano con i loro simili, realizzano se stessi, perché il fenomeno della risposta è legato al dialogo e, quando ciò accade, l'essere dell'essere umano coinvolto in questa relazione diventa attuale.

Chi risponde, risponde a un altro che, di conseguenza, mantiene la stessa connessione, mediata dalla parola. L'amore avviene quando c'è una risposta impegnata e, con questa, c'è la responsabilità presente tra i poli della relazione *Io-Tu*. Lo scopo della relazione è l'attualizzazione dell'essere, fornita dalla partecipazione degli esseri coinvolti nella relazione, che mirano semplicemente alla profondità del dialogo, dato attraverso il faccia a faccia e mediato dalla parola che permette la risposta che poi genera responsabilità, o amore, secondo Buber.

Quando la relazione ha luogo, con la conferma, l'accettazione e la donazione reciproca tra le persone, in questo atteggiamento, il *"tu* dà la sensazione dell'eternità" (Buber, citato da Lorenz, 2008, p. 28). Sappiamo, quindi, che Buber ha rivolto la sua attenzione a chiarire il dialogo con Dio, con l'intenzione di renderlo possibile alle persone. L'unità che esiste tra Dio, l'uomo e il mondo è una comunione, perché il Tu eterno o il Totalmente Altro comprende tutte le altre relazioni.

Nel trattare il rapporto tra le persone, il mondo e Dio, si evoca allo stesso tempo il tema della vera comunità, come presentato da Buber. Secondo Buber, questa non nasce semplicemente dal fatto che gli esseri umani provano dei sentimenti l'uno per l'altro, ma piuttosto quando "tutti sono in una relazione viva e reciproca con un centro vivente e perché sono uniti gli uni agli altri in una relazione viva e reciproca" (Buber, cit. da Lorenz, 2008, p. 28).

La costruzione di un'autentica comunità di persone dipende dal grado di reciprocità che esiste e, da qui, per misurare l'autenticità di una comunità, è sufficiente conoscere il livello di relazioni instaurate. Un altro fattore determinante nella costruzione di una comunità è il centro attivo e vivace. Mantenendo la comunione tra le persone e il centro attivo e vivente, si mantiene l'integrità della persona umana.

Quando il *sé* è legato all'altro e questi sono legati a un centro attivo, il risultato è la realizzazione di una comunità autentica che garantisce l'attualizzazione dell'essere. Esaltando l'importanza del centro attivo all'interno della comunità, diventa necessario presentare il Totalmente Altro (Lorenz, 2008, pp. 27-28).

**D) Dialogo con Dio, il Totalmente Altro**

Il contesto di angoscia e sofferenza presente nel XX secolo, in cui la civiltà non ha avuto come punto centrale il fenomeno della relazione, ha portato la civiltà stessa al pericolo di ristagnare, irrigidendosi nel mezzo di una crisi spirituale, causata dall'assenza di partecipazione alla vita degli altri. Come conseguenza di questa realtà, non c'era consapevolezza del legame tra gli esseri umani. È nella soggettività che matura la dimensione spirituale della persona e che le relazioni umane imprimono il desiderio di partecipazione totale con l'essere dell'altro e con il Totalmente Altro.

In questo modo, Buber vuole rendere possibile il dialogo dell'uomo con Dio, vuole recuperare la relazione tra l'uomo, il mondo e Dio, perché, secondo lui, è questo che interessa all'uomo e che è significativo e profondo per lui: la sua relazione con il *Tu* eterno. *Per* ristabilire questo rapporto, è necessario un colloquio radicale "la cui forza serena cambia la faccia della terra" (Buber, citato da Lorenz, 2008, p. 29). Questa conversazione ha luogo quando l'uomo diventa libero. Per farlo, deve credere nell'unità tra la dualità reale dell'*Io* e del *Tu* e, su questa base, abbandonarsi all'incontro.

Quando gli esseri umani si incontrano faccia a faccia e si donano l'uno all'altro, c'è una relazione e, quando la partecipazione all'altro è sempre più completa, questo rende possibile la relazione con Dio. Perciò, per relazionarsi con il divino, l'uomo ha bisogno prima di tutto di mantenere una relazione con il prossimo, perché è questo evento che garantisce la coltivazione e il desiderio costante di una relazione perfetta, in cui "il mio *tu* comprende il mio io, senza però essere l'io; il mio limitato riconoscimento si espande nell'illimitata possibilità di essere riconosciuto" (Buber, cit. da Lorenz, 2008, p. 29).

La presenza dell'essere duale dell'uomo è visibile e, poiché egli è dotato di questa caratteristica, ha la possibilità di raggiungere l'illimitato. Per sottolineare ancora di più questo aspetto, ci si potrebbe chiedere: come può il mio essere limitato raggiungere l'illimitato? In una prospettiva buberiana, osiamo rispondere che il percorso, la via di accesso all'infinito è la relazione stessa. Quando l'*Io* si relaziona con il *Tu* e il *Tu* si relaziona con il *Tu, il Tu* e il *Tu* diventano reali.

Questo favorisce il processo di individuazione dell'uno e dell'altro, e solo così c'è conoscenza reciproca. È nella reciprocità, quindi, che si evoca l'eternità. Si può dire che l'eterno "è il fenomeno per cui l'uomo non esce dall'incontro supremo nello stesso modo in cui vi è entrato" (Buber, cit. da Lorenz, 2008, p. 29), perché quando entra in relazione con l'eterno, riceve tutta la pienezza della vera e autentica reciprocità, si sente accolto ed è totalmente legato all'eternità. In questo modo, la vita si impregna di senso, o meglio, il senso della vita e della comunità è garantito.

La presenza del centro vivo e attivo nella comunità è essenziale e necessaria per l'integrazione dei suoi membri. L'unità tra loro è garantita dalla relazione con il *tu* eterno *che* racchiude e unifica tutte le relazioni, perché quando l'*io* entra in relazione con Dio, diventa un partecipante totale; la sua totalità è legata alla totalità del *tu e*, in questo modo, possiamo vedere che Buber attribuisce un significato divino all'esistenza dell'umanità. Questo significato è realizzare l'unità, l'attuale comunione tra il mondo, l'uomo e Dio (Lorenz, 2008, pp. 28-30).

### 2.5.2- L'esistenza dell'Altro in Sartre

Vogliamo qui descrivere l'analisi di Mounier della filosofia di Sartre per quanto riguarda l'esistenza dell'altro. Con questo atteggiamento, mostreremo l'autenticità del Personalismo di Mounier, che ha come grande cornice esistenziale:

> (...) la ricerca di una sintesi integrale, sempre aperta e perfetta, di punti di vista opposti ma non contraddittori, secondo una crescente dialettica di unificazione e perfezionamento: Idealismo e materialismo, persona e società, individuo e storia, pensiero e azione... (...) Il personalismo *è* lo sforzo di trovare un dialogo dinamico e progressivo tra questi valori, che si esprime nel combattimento tra loro" (Marchese, cit. da Lorenz, 2008, p. 30).

All'interno delle prospettive annunciate da Mounier, è noto che Sartre presenta la chiave del problema nel momento in cui "l'altro non è in me la mia rappresentazione dell'altro: è un oggetto sottilizzato, ma pur sempre un oggetto" (Mounier citato da Lorenz, 2008, p. 30).

Nel momento in cui l'altro viene posto come colui che mi guarda, questo sguardo lo costituisce come oggetto e, in questo modo, viene posseduto da colui che guarda. Quando l'*io* entra con il suo sguardo, o con il suo modo di vedere, c'è un'invasione dell'essere dell'altro, per cui tutto l'essere viene esposto e si perde la privacy fino al rischio di diventare schiavi.

Le verifiche di Mounier sulle principali tesi di Sartre sull'esistenza dell'altro mostrano che la presenza dell'altro racchiude il segreto di ciò che sono e, con ciò, si può dedurre che la salvezza dell'altro diventa la condanna del soggetto, poiché quest'ultimo, con il suo punto di vista, nel campo dell'*io,* sospende tutto il suo mondo, lo interroga, lo ruba.

L'universo del soggetto rimane vuoto al suo interno. In questo modo, l'altro diventa la condanna del *sé*. Per questo Sartre dice che "l'inferno sono gli altri" (Sartre, citato da Lorenz, 2008, p. 31). Una volta che il soggetto è stato afferrato dall'altro, perde la possibilità di fare o proiettare se stesso. Possiamo capire, quindi, il danno che l'altro può provocare quando fissa il suo sguardo sul *sé*; ma c'è solo una via d'uscita, per tornare a essere un soggetto: fissare l'altro come oggetto. Questo implica un'inversione di posizione, perché non c'è possibilità, secondo Sartre, che due soggetti rimangano senza che uno di essi diventi oggetto.

Per questo motivo, le relazioni umane saranno in costante lotta, con l'obiettivo di conservare, preservare il più possibile l'altro oggettivato. La difesa consiste semplicemente nell'andare all'attacco. Mounier trova in Sartre due modi di oggettivare l'altro: l'amore e l'indifferenza.

La prima forma consiste nell'impossessarsi della libertà dell'altro come libertà: l'ideale dell'amore. Non è la ricerca di un oggetto, ma il controllo della libertà di un soggetto. Infatti, l'amore nasce dal desiderio di un altro soggetto. Ma non è un desiderio di riconciliazione; piuttosto, è il desiderio di imprigionare, di rendere la libertà dell'altro in modo che non oggettivizzi l'io. Tuttavia, questo processo ha in sé una contraddizione. Mounier dice:

> In realtà, voglio che l'altra persona sia invischiata nella mia libertà e che venga liberamente, perché voglio possederla come libertà. Voglio quindi che sia un oggetto e allo stesso tempo che sia un soggetto. Inoltre, per poterlo cogliere come soggetto, devo rimanere un oggetto per lui, anche un oggetto affascinante. Ma in questo modo, io (il soggetto) non lo apprendo più come progetto (Mounier, citato da Lorenz, 2008, p. 31).

Si può immediatamente dedurre da Sartre l'impossibilità di consolidare una comunione tra le persone, semplicemente perché la relazione esistente consiste in una servitù, poiché l'uomo non può avvicinarsi all'altro senza che l'uno assoggetti l'altro, senza che l'uno congeli l'altro o monopolizzi il mondo degli altri. Se non mi accorgo dell'oggettivazione che un altro fa di me, se non mi accorgo che l'altro mi guarda e mi fa oggetto, se sono distratto dalla sua presenza, allora siamo di fronte a un'altra forma di oggettivazione: l'oggettivazione attraverso l'indifferenza. La comunicazione degli esistenti come soggetti è impossibile.

Mounier riconosce l'importanza dei contributi di Sartre a questo tema. Accetta soprattutto la descrizione dell'altro come presenza provocatoria, la denuncia dell'impossibilità di raggiungere l'altro da una prospettiva oggettuale di fronte all'io-soggetto e la critica dell'essere-per-l'altro. Ma per Mounier il problema va individuato nella determinazione dello sguardo che l'*io* rivolge all'altro. Sappiamo che la funzione legittima della visione è quella di determinare, di fissare per possedere, di comprendere. Tuttavia, non può essere ridotta a queste utilità immediate, perché l'*io* non è limitato alle sue sole funzioni. Ora, al di là di queste evidenze o utilità tecniche, vediamo che lo sguardo "è la finestra più diretta sull'essere personale, la via centrale dell'invocazione di Persona a Persona". Esecutore di atti vili, immobilizza e prende possesso. Messaggero del sovrano interiore, invoca e offre" (Mounier, citato da Lorenz, 2008, p. 32).

L'analisi di Sartre non evoca nulla di questo essere essenziale dello sguardo; per questo l'essere-per-l'altro che egli descrive è inautentico, perché non allude alla relazione che esiste nella sua abbondanza. Ogni relazione, ai suoi diversi livelli, si riduce al possesso e alla necessità di difendere i propri interessi particolari. C'è una sorta di paranoia in questa visione, nel senso che la perdita dell'essenzialità della vita lo porta a esagerare la consapevolezza di sé; cioè, quando ha una consapevolezza impoverita del suo essere, questo lo porta a sentire che tutti intorno a lui gli rubano la sua interiorità, il suo mondo.

È degna di nota la valenza affettiva e anormale presente in "L'essere e il nulla" di Sartre, in cui la relazione è vista come qualcosa di insopportabile, perché, secondo lui, "gli oggetti non dovrebbero toccarci... Ma loro mi toccano e io non lo sopporto. Ho paura di entrare in contatto con loro, come se fossero animali, animali vivi" (Sartre, citato da Lorenz, 2008, p. 33). La realtà del mondo della possessività, espressa nel pensiero di Sartre, in cui l'io contamina e infetta l'altro con il suo male interiore, porta

Mounier a chiedersi cosa sia questo male. E attraverso questa domanda, arriva a sviluppare la nozione di *indisponibilità*.

L'indisponibilità si sviluppa nell'io quando si ripiega su se stesso, in modo che l'unica cosa di cui si preoccupa è se stesso; ciò si traduce in un'opacità che poi si sviluppa contro gli altri. Quindi, essere indisponibili equivale a essere inaccessibili agli altri, perché sono visti come ladri che rubano l'interiorità di coloro che sono legati e che li provocano sulla loro conformità a se stessi. L'altro è visto come un persecutore, un annientatore dell'essere egocentrico, o meglio, di colui che si trova in uno stato di stagnazione. Quando si dice che l'io è occupato da se stesso, il "*troppo pieno*" di Sartre *si* manifesta nell'io immobile e improduttivo. Nella misura in cui il soggetto diventa indisponibile agli altri, perché avaro di sé, si può dire in profondità che l'uomo è una *passione inappagata*, perché, per quanto lo voglia, si conserva e si tiene per sé, ed è quindi destinato a perdersi.

Ci rendiamo anche conto che non è nella libertà che l'uomo oggettiva l'altro e lo riduce a un invasore, ma in un progetto di indisposizione, di eccessiva cura di sé, di egocentrismo schiavizzante che non permette a questo soggetto di vedere oltre la propria condizione. Per invertire questa perdita di sé, è necessario ed essenziale porsi di fronte all'altro in un atteggiamento di disponibilità, che implica l'apertura al mondo e alle persone che lo abitano, in modo disponibile e senza diffidenza. Questo atteggiamento richiede di offrirsi, di uscire da sé e di andare verso l'altro. In questo modo, si stabilirà un rapporto di soggetto a soggetto, senza la patologia del possesso dell'altro.

Per Mounier, è necessario spogliare l'esistente dei suoi atteggiamenti di possesso. Questo è il tema della *disponibilità cristiana: Il* Personalismo di Mounier indica cinque atteggiamenti che sono considerati le modalità di incarnazione di questa disponibilità: *lasciarsi* per essere a disposizione dell'altro, *comprendere l'*altro, *prendere su di sé il* destino, i dolori, le gioie, i compiti, ecc. *dell'altro, donarsi* completamente all'altro e, infine, *essere fedeli a* questo progetto. Questa dialettica di relazioni personali conferma l'autentico sviluppo delle persone coinvolte. Con la disponibilità, l'altro e il Sé diventano cooperatori. In questo modo, l'altro è colui che scopre l'intimità e la educa; con ciò, si crea un'esperienza tra soggetti che sarebbe impossibile al di fuori della realtà dell'incontro e, quindi, la disponibilità ha la precedenza quando questo soggetto sperimenta l'inesauribile in sé e nell'altro. Ciò significa che, per quanto il soggetto dia e assuma, l'altro avrà sempre di più da dare. Dato che ogni individuo sente la possibilità di essere infinitamente di più di quello che è.

Di fronte a questa condizione, c'è una spiegazione di ciò che dà origine alla vergogna quando una persona scopre un aspetto che le è proprio. Questa vergogna si manifesta in modo tale da ricordare all'io che non è solo uno strumento passivo della natura e dei suoi fini, ma, in senso lato, si può dire che vergognarsi significa affermare che l'essere umano è fatto per liberarsi dai suoi mali e dalle sue azioni paralizzanti. Pertanto, è a partire dalla disponibilità, ottenuta attraverso gli atti originari sopra menzionati, che un soggetto sarà in grado di mantenere relazioni autentiche con gli altri, senza la possibilità di perdere la propria libertà o di essere oggettivato. Per il soggetto disponibile, lo sguardo, o "la presenza dell'altro, lungi dall'immobilizzarmi, appare, al contrario, come una fonte di merito ed è senza dubbio necessaria per il rinnovamento e la creazione" (Mounier, cit. da Lorenz, 2008, p. 35). Quando si parla di rinnovamento e creazione, si intende che la disponibilità sottrae l'uomo alla sua tendenza a diventare obsoleto e favorisce anche la costituzione di una vera comunità (Lorenz, 2008, pp. 30-35).

# CAPITOLO II - Il PERSONALISMO CRISTIANO ED ETICO-POLITICO DI MOUNIER

## 1- Il Personalismo di Mounier come semplice pedagogia della vita comunitaria

L'azione di Mounier è strettamente legata alla presa di coscienza dei vari fattori che hanno caratterizzato negativamente la società europea tra il 1930 e il 1950. Il suo movimento è orientato verso un ritorno allo spirituale, al personale.

Così, Mounier, secondo Paul Ricoeur, ha iniziato la sua riflessione con una sorta di "dubbio metodico di natura storica e culturale". A questo "dubbio" ha risposto con un progetto il cui obiettivo non era quello di costruire un sistema filosofico, ma semplicemente di intervenire nella storia e, all'interno di essa, di intervenire come pedagogo di una pedagogia comunitaria, per risvegliare la Persona e sviluppare un progetto di civiltà.

A livello pre-tecnico, lui e il suo movimento faranno sì che filosofia e politica si intreccino attraverso l'etica. Quattro temi evidenziano questa affermazione:

a) *Rifare il Rinascimento:* Questo era il titolo dell'articolo del primo numero della rivista *Esprit*. Se il Rinascimento è uscito dalla crisi del Medioevo e l'ha risolta, dice Mounier, la rivoluzione personalista e comunitaria per una nuova civiltà deve risolvere anche la crisi del XX secolo. Per farlo, è necessario introdurre la persona al centro della discussione teorica e dell'azione pratica. Progettare una civiltà è un'opera dell'uomo e un'impresa veramente etica. Il primato dello spirituale si basa sulla convinzione che una civiltà si costruisce attraverso le opzioni e il consenso, e questa convinzione assume uno stile pratico: nelle circostanze storiche concrete, il "mondo della Persona" deve essere ricostruito dalle sue rovine, caratterizzate dalla "borghesia" e dal "fascismo".

b) *Il mondo della Persona: a proposito della* Persona, Mounier utilizza alcune formule della tradizione filosofica: centro invisibile che polarizza tutto, presenza di me a me, cifra unica, generosità, ecc. Queste formule, pur sottolineando l'inviolabile interiorità dell'universo personale, possono essere comprese solo insieme all'impulso verso un mondo da promuovere. La Persona, così percepita, è vista come la figura limite della vera comunità.

c) *Personalismo e cristianesimo:* questa pedagogia è attratta dal tema cristiano della *santità* e della *santificazione:* il santo è per la comunità personalista ciò che l'eroe è per la società fascista. Da un punto di vista pratico, Mounier ha sempre difeso la possibilità di collaborazione tra cristiani e non cristiani. Per questo motivo, l'etica concreta del personalismo è relativamente indipendente dalla fede cristiana: dipendente dal punto di vista esistenziale, per quanto riguarda il suo aspetto effettivo in una determinata coscienza, indipendente dal punto di vista logico, per quanto riguarda il suo significato.

d) *Personalismo e marxismo: la* pedagogia personalista critica il marxismo per la sua mentalità scientifica, il suo attaccamento al positivismo, la sua incapacità di risvegliare la persona e il suo ottimismo nei confronti dell'uomo collettivo, che maschera un pessimismo radicale della persona. Mounier non ha mai accettato un "cattolicesimo comunista" perché, per lui, due filosofie radicalmente opposte non possono dare origine a strutture sociali identiche. La spiritualità cristiana impedisce l'assolutizzazione di un regime politico, poiché non è possibile realizzare il paradiso in terra attraverso l'azione politica (Teixeira, 1992, pp. 80-83).

Il Personalismo si presenta innanzitutto come una pedagogia della vita comunitaria legata al risveglio della Persona. L'interesse di Mounier non è teorico, ma pratico. E l'orientamento deve essere una rivolta contro le tirannie del tempo, come: la scienza senza saggezza, la società tecnocratica, la vita privata individualista, la filosofia elemosinata dalla scienza, la letteratura senza preoccupazioni umanistiche e l'indifferenza dei politici ai mali del mondo. Occorre tornare allo spirituale, partendo dalla civiltà personalista delle filosofie dell'esistenza. Il pensiero di Mounier tende quindi a essere filosofico da un punto di vista pratico.

## 2- Il pensiero filosofico di Mounier

### 2.1- The Passage: da semplice pedagogia a vera filosofia

In un secondo momento, il pensiero pedagogico di Mounier diventa più filosofico. Come ci dice Paul Ricoeur, ci sono tre direzioni che esemplificano questo passaggio da semplice educatore a vero filosofo:

a)    Accettando l'autocritica, il Personalismo si mette in guardia dalle proprie tentazioni puriste idealizzanti e anarchiche;

b)    Rifiutando un "personalismo purista", approfondisce e purifica il motivo cristiano della sua riflessione;

c)    Il fatto che Mounier, da un lato, cerchi di collocare il Personalismo nel suo rapporto con le scienze dell'uomo e, dall'altro, lo metta in relazione con le filosofie dell'esistenza mostra il suo sforzo filosofico.

Oltre a queste tre direzioni, possiamo notare che il fatto che la rivoluzione debba essere personalista e comunitaria (l'individuo per la società e la società per la Persona) mostra già lo statuto filosofico che la visione mounieriana del mondo possiede. Ma il personalismo di Mounier conserva anche un valore di matrice filosofica nel seguito:

a)    Meglio delle altre correnti, il Personalismo sottolinea la tensione tra la natura (materia) e la Persona;

b)    In Mounier, al tema dell'altro viene data la centralità che merita;

c)    I temi del ricordo, del segreto, della singolarità e della rottura sono introdotti da Mounier con la necessaria sobrietà e solo come complemento;

d)    Il significato della libertà non viene mai estrapolato. Più che l'essere della Persona, è il modo in cui la Persona è tutto ciò che è. Ma la stessa Persona finita non è l'essere, bensì "il movimento dall'essere all'essere, che prende consistenza proprio nell'essere che intende" (Mounier, 1961a, p. 76). I valori sono i significati dell'azione che segnano e delimitano questo stesso movimento verso l'essere (Teixeira, 1992, pp. 83-85).

## 2.2- Personalismo mounieriano: un ramo dell'esistenzialismo

Quando il pensiero di Mounier da semplicemente pedagogico diventa filosofico, il Personalismo comincia a situarsi, da un lato, nel suo rapporto con le scienze dell'uomo e, dall'altro, comincia a relazionarsi con le filosofie dell'esistenza. Il secondo aspetto è quello che ci interessa: la relazione che il Personalismo stabilisce tra la Persona e l'esistenza.

### 2.2.1- Il comune denominatore tra personalismo ed esistenzialismo

In generale, personalismo ed esistenzialismo concordano su un punto: *la lotta contro il sistema*. Entrambi affermano il *primato dell'esistente*. *Infatti,* all'inizio del suo lavoro sulle filosofie esistenziali, Mounier descrive l'Esistenzialismo come una reazione della filosofia dell'uomo contro gli eccessi della filosofia delle idee e della filosofia delle cose (Mounier, 1962, p. 7).

Qui chiama "filosofia delle idee" ogni tipo di filosofare che si concentra solo su concetti universali e astratti fino ad assolvere tutto ciò che è singolare (anche l'uomo) nelle idee o nell'idea universale. Essa nasce nell'antica Grecia e raggiunge il suo apogeo nell'Idealismo assoluto di Hegel. Per "filosofare sulle cose", Mounier intende quella filosofia che, somigliando alla scienza naturale, considera l'uomo come un oggetto tra i vari oggetti dell'universo fisico. Ciò si riferisce al Razionalismo e al Positivismo, che Mounier riconosce come posizioni estreme (Copleston, 1996, p. 300).

Sia per il Personalismo che per l'Esistenzialismo, l'esistenza dell'uomo è vista come il problema primario della filosofia, prendendo le distanze dalla filosofia tradizionale e accademica. Per questo motivo, Mounier non esita a fare del personalismo uno dei rami dell'albero esistenziale. Il Personalismo è una filosofia dell'esistenza, prima ancora che una filosofia dell'essenza. Personalismo ed esistenzialismo non partono da una teoria della conoscenza che tratti l'uomo come un essere impersonale. Entrambi pensano che per conoscere l'uomo, egli debba prima esistere pienamente. Il peccato originale del razionalismo è stato quello di dimenticare l'uomo e di eliminarlo dall'esistenza. I suoi filosofi, come Hegel, credevano che tutto potesse essere inserito in un sistema. Tuttavia, l'affermazione non energetica di Kierkegaard, secondo cui non può esistere un sistema di esistenza, si oppone a questo. Mounier lo segue su questo punto. Lo spirito che conosce è uno spirito esistente; non cerca una verità impersonale, ma una verità che risponda alle sue domande. Il pensiero deve diventare carne.

Il problema della morte, ad esempio, è innanzitutto il problema della *mia morte.* Nella filosofia tradizionale, chi conosce si pone di fronte al mondo, che è per lui un oggetto di spettacolo. Ma noi dobbiamo sapere che ciò che esiste è nel mondo (Mounier, 1962, pp. 7-15). L'essere, dice Gabriel Marcel, è un "concetto inesauribile". Lo conosciamo più o meno, ma non possiamo mai possederlo come oggetto. L'essere è il "non inventabile". Può essere solo chiarito, mai descritto o compreso: perché è un mistero. E per usare i termini di Marcellino, la preoccupazione principale del pensiero esistenziale è di non lasciare che i "misteri" si degradino in "problemi". In questa prospettiva, per Mounier, il soggetto che conosce partecipa intimamente all'oggetto della conoscenza (Mounier, 1962, p. 22).

Il personalismo e l'esistenzialismo sono due filosofie che non iniziano con l'acquisizione di un sapere generale, ma con una conversione, una *metanoia,* a cui tornare continuamente. Il *primato dell'esistente* e la *richiesta di autenticità* sono preoccupazioni comuni a queste due filosofie: "è il posto centrale dato all'esistenza come risorgenza spirituale permanente, costantemente minacciata di cadere in un'alienazione in cui la Persona è svuotata, stordita, ingannata o cristallizzata, costantemente strappata a questa sopravvivenza inautentica da un appello all'esistenza autentica, liberata e responsabile". Mounier ha spesso sottolineato che uno dei temi più ricchi dell'Esistenzialismo è la critica dell'alienazione in tutte le sue forme: dal *divertissement* di Pascal alla *fede* di Sartre (Mounier, 1961a, p. 47).

### 2.2.2- Il punto di divergenza tra personalismo ed esistenzialismo

Il personalismo si differenzia dalle filosofie esistenziali principalmente per i seguenti punti:

a)    *Il carattere speculativo e teoretico dell'Esistenzialismo:* pur subordinando il problema della conoscenza all'esegesi della condizione umana, l'Esistenzialismo mantiene sempre una nota speculativa e teoretica, assomigliando così alla filosofia classica. Il personalismo, invece, si distingue dagli esistenzialisti per il suo carattere attivo e prospettico.

b)    *Il tentativo di fondare un'ontologia:* L'esistenzialismo assomiglia ancora alla filosofia classica nel suo tentativo di fondare una nuova ontologia. Tuttavia, l'intento pedagogico di Mounier aggira la problematica critica e ontologica della filosofia.

c)    *La questione della comunicazione:* Per l'esistenzialismo, la comunicazione è un fallimento, perché l'esistente rifiuta di aprirsi all'altro, diventando un "proprietario" e riducendosi a un oggetto indisponibile per l'altro. Ma Mounier dà una soluzione cristiana a questo problema: spogliare l'esistente dei suoi atteggiamenti di possesso per essere disponibile all'altro.

**2.2.3- La drammatica condizione dell'esistenza umana**

Sia per il Personalismo che per l'Esistenzialismo, l'uomo è un esistente e mai una cosa o uno schema. Dato questo accordo, non sorprende che l'Esistenzialismo tratti anche alcuni dei temi del Personalismo. Questi temi sottolineano la *condizione drammatica dell'esistenza umana.* Eccone alcuni:

a)    La *contingenza dell'*essere umano: L'uomo vive situato in un tempo, in un luogo e tra gli uomini, condizionato e limitato da ogni lato. È combattuto tra l'assoluto e la sua misera realtà. Attraverso la prova immediata della sua situazione concreta, non può fare a meno di ricevere prima lo shock inquietante della sua apparente assurdità, della sua fragile solitudine e dell'incoerenza delle sue scoperte. Nell'Esistenzialismo ateo, la contingenza dell'esistenza è pura irrazionalità e brutale assurdità. L'essere umano è un fatto nudo e cieco. È lì, come tale, senza ragione e stupidamente per niente. Questo è ciò che Heidegger e Sartre hanno chiamato la *fatticità* dell'essere umano. Sartre, utilizzando il metodo fenomenologico, ha scoperto che l'essere è ingiustificabile e assurdo. Ma dobbiamo sapere che questo metodo descrive le cose solo come si manifestano alla coscienza. Per Mounier, la descrizione di Sartre è ancora troppo incompleta. Il cristiano crede che ogni cosa esistente sia un segno della sovrabbondanza dell'amore di Dio (Mounier, 1962, pp. 29-31).

b)       L'*impotenza della* ragione umana: Le facili certezze spesso non sono altro che illusioni, mentre la ragione incontra innumerevoli ostacoli e si perde nelle tenebre. L'asserzione immotivata e il lago logico rischiano di tradire la verità. I mezzi umani sono impotenti a tradurre queste relazioni: la verità può essere espressa solo attraverso il paradosso, il cui modello è la trascendenza. Gli esseri umani sono fragili, combattuti tra il fallimento e la vittoria, la pace e l'angoscia, lacerati dalle antinomie. L'angoscia non è solo l'espressione del disorientamento. Più profondamente, è il segno del sentimento autentico della condizione umana. La scelta valorizza l'uomo, lo aiuta a diventare se stesso, perché è anche un rischio, una sfida, un dramma (Mounier, 1962, pp. 31-34).

c)       *Alienazione:* Per il cristiano non esiste un'alienazione essenziale. Il senso stesso della storia divina è quello di riconciliare l'uomo con se stesso e con la natura. Ma Mounier (1962, p. 40) sottolinea che "l'uomo peccatore è vittima di un'alienazione accidentale, quella che lo separa da Dio attraverso il peccato e, attraverso gli effetti del peccato, dalla creazione stessa e da se stesso".[5] . Il peccato ci porta ad essere in uno stato permanente di alienazione. E il borghese e il fascista sono le principali incarnazioni di questo peccato (Mounier, 1962, pp. 40-42).

d)       La *finitudine dell'*essere umano e l'*urgenza della* morte: La morte, minaccia assoluta per l'esistenza empirica, non ha alcun dominio sull'esistenza trascendente. Per l'esistenzialismo ateo, invece, la finitudine dell'essere umano è assoluta ed essenziale, un'assurdità senza scampo, un fallimento che riassume tutta la vita. L'esistenzialismo, sia esso cristiano o ateo, riserva molto spazio alla solitudine dell'esistente. Nella prospettiva di Heidegger e Sartre, la solitudine dell'esistenza è assoluta. Mounier si

---

[5] L'uomo peccatore è vittima di un'alienazione accidentale, quella che lo separa da Dio attraverso il peccato e gli effetti del peccato, dall'intera creazione e da se stesso.

oppone a questa idea. Per quanto oscuro possa essere il percorso dall'esistenza alla trascendenza, c'è sempre una via d'uscita. Heidegger e Sartre sembrano segnati da una particolare predilezione per l'angoscia irresoluta, per la coscienza infelice. Heidegger è tutto un nichilismo sprezzante e non vuole nemmeno liberarsene, mentre Sartre conclude che tutto è assurdo (Mounier, 1962, pp. 43-46). E Mounier (1962, p. 52) si chiede: "cette rage contre l'etre ne traduirait-elle que le ressentiment d'avoir manque ce que Gabriel Marcel appelle "le lien nuptial de 1'homme avec la vie"?".[6] .

e) *Disperazione: La* disperazione, e la parola *angoscia* sarebbe forse preferibile, è valida solo quando è stata superata. Di fronte all'assurdità fondamentale professata da alcuni esistenzialisti, la posizione di Mounier è categorica: è assurdo che tutto sia assurdo! La fede è una sfida e mai una sicurezza. E la disperazione non ha senso, non è disperazione se non per questa fede. Per questo Gabriel Marcel è riuscito, senza minimizzare la tragicità dell'esistenza, a sviluppare un'ontologia della speranza di fronte alla disperazione assoluta. Mounier distingue tra una disperazione chiusa e una disperazione aperta. La prima è rifiuto, ripiegamento egocentrico su se stessi, scarsità, indisponibilità. La seconda è distensione, abbandono, disponibilità. La speranza è una componente essenziale dello statuto ontologico dell'uomo: accettarla o rifiutarla equivale ad accettare o rifiutare l'essere uomo (Mounier, 1961a, pp. 51-52).

### 2.3- Il concetto filosofico di persona di Mounier

### 2.3.1- La persona: un concetto non oggettivabile e quindi non definibile

Per dire che cos'è la Persona, Mounier (1961c, pp. 48-49) cerca innanzitutto di distinguere tra la Persona e l'individuo, e dice:

> *Mapersonne n'estpas mon individu.* Chiamiamo individu la diffusione della persona alla superficie della sua vita (...). Mon individu, c'est cette image imprecise et changeante que donnent par surimpression les diffdrents personnages entre lesquels je flotte, dans lesquels je distrais et me fuis. Mon individu, c'est la jouissance avare de cette dispersion, l'amour incestueux de mes singularitds, de tout ce foisonnement precieux qui n'interesse d'autre que

---

[6] Questa rabbia per l'essere non potrebbe essere altro che la traduzione del risentimento per aver mancato quello che Gabriel Marcel chiama il "lago nuziale dell'uomo con la vita"?

moi.[7]

Inoltre,

La persona si oppone all'individuo in quanto maestra, scelta, formazione, conquista di sì. Rischia per amore al posto di ritirarsi. È ricca infine di tutte le comunioni, con la sedia del mondo e dell'uomo, con lo spirito che anima, con le comunità che rivelano (Mounier, 1961c, p. 49)[8] .

E parlando della persona, Mounier (1961c, p. 49) dice che *"ma personne n'est pas la conscience que j'ai d'elle"*. A ogni avanzamento della mia coscienza, che cos'è che ritiro? Souvent, si je ne tiens me pas en main, des fragments ephemeres d'individualite, l'air du jour"[9] . Tuttavia, Pessoa non si identifica nemmeno con "personnages che faccio e che sopravvivono per inerzia, o per lachirugia; personnages che credo di essere, perché li mando, o li recito, o me li lascio imprimere dal modo (...)[10] (Mounier, 1961c, p. 49). Eppure "tout se passe donc comme si ma Personne etait un centre invisible ou tout se rattache; bien ou mal elle se manifeste par signes comme un hote secret des moindres gestes de ma vie, mais ne peut tomber directement sous le regard de ma conscience"[11] . (Mounier, 1961c, p. 50). Quindi *"ma personne n'est pas ma personnalite*. Elle est au-dela, supraconsciente et supratemporelle, une *unite* donnee, non construite, plus vaste que les vues que j'en prends, plus interieure que les reconstructions que j'en tente. Elle est une *presence* en moi[12] . (Mounier, 1961c, p.

---

[7] La mia Persona    non è il mio individuo. Chiamiamo individuo la diffusione della Persona sulla superficie della sua vita (...). Il    mio individuo *è* questa immagine imprecisa e incostante che è data dall'impressione sovrapposta dei diversi personaggi tra i quali fluttuo, nei quali mi distraggo e sfuggo. Il mio individuo *è* il piacere avaro di questa dispersione, l'amore incestuoso delle mie singolarità, di tutta questa preziosa abbondanza che non è interessata all'altro, ma solo a me.

[8] La persona *si*    contrappone all'individuo nella misura in cui possiede, sceglie, forma e conquista se stessa. Invece di ritirarsi, rischia per amore. Infine, sono ricche di ogni tipo di comunione, con il mondo e con l'uomo in quanto materiale, con lo spirituale che le anima e con le comunità che le rivelano.

[9] *La mia Persona non è la coscienza che ne ho.* Ogni volta che compio un atto di elevazione della mia coscienza, cosa elevo? Il più delle volte, se non rimango fermo, sollevo solo frammenti effimeri di individualità, labili come l'aria del giorno.

[10] Quei personaggi che sono stati in passato e che sopravvivono per inerzia o scelleratezza, personaggi che credo di essere perché li    invidio, li rappresento o permetto loro di plasmarmi secondo i desideri della moda (...).

[11] In me, tutto accade come se la mia Persona fosse un centro invisibile, a cui tutto fa capo, buono o cattivo, si manifesta attraverso alcuni segni, come un ospite segreto dei più piccoli gesti della mia vita, ma non può essere direttamente sotto lo sguardo della mia coscienza.

[12] *La mia Persona* non coincide con la *mia personalità*. Si trova al di là del tempo, è un'unità data, non costruita, più grande delle visioni che ne ho, più intima delle ricostruzioni che ho tentato, è *una*

50).

In questo passaggio, Mounier si limita a specificare ciò che la Persona non è. E lo fa tenendo sempre presente che la Persona è inoggettivabile. Ciò che si può dire della Persona, dice Mounier, è che è il volume totale dell'uomo. Non è l'individuo, né si oppone alla comunità. La Persona è il centro invisibile con cui tutto è connesso. È quindi impossibile definirla. La Persona, la vita personale, è accessibile solo attraverso un'esperienza che può essere solo descritta. Infatti, possiamo definire solo gli oggetti che sono esterni a noi e alla nostra portata. Ma la Persona non è un oggetto. È esattamente ciò che in ogni persona non può essere trattato come un oggetto.

E poi Mounier (1961b, p. 44) fa delle riserve sulla concettualizzazione della Persona e degli Stati:

> *Une personne est un etre spirituel constitue comme tel par une maniere de subsistance et d'independance dans son etre; elle entretient cette subsistance par son adhesion à une hierarchie de valeurs librement adoptees, assimilees et vecues par un engagement responsable et une conversion constante; unifica così tutta la sua attività nella libertà e sviluppa per gradi, a colpi di atti creativi, la singolarità della sua vocazione*[12] .

Si tratta di una caratterizzazione o, se vogliamo, di una descrizione della Persona e non di una definizione. Per Mounier, la Persona non può essere definita in senso stretto perché, in definitiva, è la presenza stessa dell'uomo (Cordon & Martinez, 1994, p. 156).

### 2.3.2- Caratteristiche della persona mounieriana

Vediamo le caratteristiche che compaiono nella frase di Mounier citata sopra:

a)      La *spiritualità* dell'essere personale: l'intera definizione mostra che la spiritualità non è concepita come una proprietà o una caratteristica posseduta passivamente.

b)      La realtà personale è costituita da una forma di *sussistenza* e di *indipendenza. Il* requisito dell'"indipendenza nel suo essere" è essenziale per tutta la

---

presenza in me.

filosofia personalista, perché è il fondamento ontologico della concezione della Persona come centro dell'azione e come realtà di valore assoluto. La sussistenza non è una sorta di proprietà naturale, come la spiritualità. La sussistenza è qualcosa che deve essere mantenuta e conquistata. È a partire da questo punto che si può iniziare a parlare di un *processo di personalizzazione* piuttosto che semplicemente di una Persona. Questo mantenimento avviene in un processo che comprende:

• *L'adesione a una gerarchia di valori,* perché senza l'acquisizione di un sistema di valori responsabile non c'è Persona;

• Questa adesione deve essere *liberamente adottata,* e non semplicemente
ricevute dall'ambiente sociale, dall'ideologia dominante;

• I valori a cui si aderisce devono essere vissuti in un *impegno responsabili,* perché lo richiedono;

• L'impegno libero e responsabile richiede *continuità di* progetto e di azione. Questo è fondamentale per mantenere la sussistenza personale. Da qui la necessità di un *colloquio* continuo che si manifesta nel ricordo e nell'esternazione riflessiva.

c) *Unità: l'unità del* progetto, dell'esperienza e della vita di fronte alla disintegrazione e alla mancanza di identità personale.

d) *L'unicità della vocazione:* è *l'*irripetibilità della persona quando si sente chiamata a svolgere un compito *che le è proprio* (Cordon & Martinez, 1994, pp. 157-158).

**2.3.3- La persona: un processo consapevole di personalizzazione permanente**

Analizziamo queste parole di Mounier (1961b: 46):

> La personne, en effet, etant la presence meme de l'homme, sa caractdristique derniere, (...) n'est pas non plus objet d'une experience spirituelle pure detachee de tout travail de la raison et de toute donnee sensible. Si rivela (...) attraverso un'esperienza decisiva, proposta alla libertà di ciascuno, non un'esperienza immediata di una sostanza, ma un'esperienza progressiva di

una vita, una vita personale. (...) Se non vi accostate e non iniziate almeno questa esperienza, tutte le nostre richieste nei vostri confronti sono incomprensibili e feroci. Nei limiti in cui noi fissiamo il nostro quadro di riferimento, non possiamo che decifrare la vita personale, i suoi modi, le sue vie, e chiamarla[13] .

Come si vede, Mounier non dice cosa sia la Persona, né la definisce, perché per lui la Persona è in un costante processo di personalizzazione. Se la definisse, negherebbe la sua stessa filosofia, che è caratterizzata da un movimento di personalizzazione;

In altre parole, la Persona si costruisce a partire dalle esperienze. È l'unica realtà che conosciamo e che, allo stesso tempo, costruiamo dall'interno. Sempre presente, non si offre mai a noi (Mounier, 1961a, pp. 24-25).

### 2.3.4- Il valore assoluto della Persona e delle sue tre dimensioni

Mounier (1961b, p. 44) prosegue dicendo:

A questa esigenza di un'esperienza fondamentale, il personnalismo aggiunge un'affermazione di valore, un atto di fede: l'affermazione del valore assoluto della persona umana. Non diciamo che la persona dell'uomo sia l'Assoluto (anche se per un credente l'Assoluto è la Persona e a rigore il termine non è più spirituale che personale). Nous prions aussi qu'on prenne garde de confondre l'absolu de la personne humaine avec l'absolu de l'individu biologique ou juridique (...). Vogliamo dire che, così come noi la concepiamo, la persona è un assoluto a scapito di ogni altra realtà materiale o sociale e di ogni altra persona umana[14] .

È il volume totale dell'uomo, un equilibrio in lunghezza, larghezza e profondità, una tensione in ogni uomo tra le sue *tre dimensioni spirituali:*

    a)  Quella che esce da sotto e si incarna in un corpo (vocazione);

    b)  Quello che va verso l'alto e lo eleva in un universale (incarnazione);

c)       Quello che si rivolge all'allargamento e lo innalza alla comunione.

Pertanto, la *vocazione, l'incarnazione e la comunione* sono le tre dimensioni della

---

Sarà possibile solo descrivere la vita personale, le sue vie, i suoi percorsi e fare appello ad essa.

[14] Diciamo subito che a questa richiesta di esperienza fondamentale, il Personalismo aggiunge un'affermazione di valore, un atto di fede: l'affermazione del valore assoluto della Persona umana. Non diciamo che la Persona dell'uomo è l'Assoluto (anche se per un credente l'Assoluto è una Persona e, a rigore, non più spirituale che personale). Dobbiamo anche stare attenti a non confondere l'assoluto della Persona umana con l'assoluto dell'individuo biologico o giuridico (...). Intendiamo dire che, come la chiamiamo noi, la Persona *è* un assoluto in relazione a qualsiasi altra realtà materiale o sociale e a qualsiasi altra Persona umana.

Persona, e i tre esercizi essenziali per raggiungere la formazione della Persona sono: la *meditazione, per* cercare la mia vocazione; l'*impegno* o la *dedizione a* un'opera, che è il riconoscimento della propria incarnazione; il *distacco, che è l'*iniziazione al dono di sé e della vita negli altri (Mounier, 1961b, pp. 50-51).

Dice Ricoeur: "(...) la vocazione non ha senso se non per il mondo della *meditazione, l'*incarnazione se non per il mondo dell'*impegno*, la comunione se non per un mondo di *distacco*. Se una persona manca di uno di questi esercizi fondamentali, (...) è destinata al fallimento" (Ricoeur, citato da Reale & Antiseri, 1991, p. 732).

## 2.4- Le sette strutture che compongono l'universo personale

Nella sua opera *Le Personnalisme,* Mounier ha delineato le sette strutture che compongono l'universo personale. Queste sono: l'esistenza incarnata, la comunicazione, la conversazione intima, il confronto, la libertà sotto condizione, l'eminente dignità e l'impegno.

## 2.4.1- Esistenza incarnata

In questa struttura, Mounier cerca di presentare la sua visione dell'uomo. A questo proposito, afferma che l'uomo è corpo esattamente come è spirito, è integralmente "corpo" e integralmente "spirito" (Mounier, 1961a, p. 21). Pertanto, la Persona è un prodotto della natura, perché emerge dalla natura. Questo emergere della Persona appare come una lotta tra due tendenze opposte:

a)       *Tendenza permanente alla spersonalizzazione:* Questo non solo colpisce l'impersonalità, la dispersione e l'indifferenza, che tendono a degradare l'energia, la fissità o la ripetizione omogenea, ma aggredisce anche la vita, ne diminuisce l'impulso, degenera le scoperte in semplici automatismi, riduce l'audacia vitale al livello di formazioni di sicurezza in cui l'invenzione e la creatività perdono il loro posto, la vita sociale e spirituale sono sacrificate dalla rilassatezza dell'abitudine, della routine, dell'idea generale, del "talk-talk" quotidiano.

b)       *Movimento di personalizzazione:* in senso stretto, la personalizzazione inizia con l'uomo stesso, ma la sua preparazione si rivela in tutta la storia dell'universo: il movimento di evoluzione dagli elementi più semplici a quelli più complessi, da questi all'essere umano e da questo alla piena comunione con gli altri e con l'Assoluto è un movimento di personalizzazione. Questo movimento prende coscienza nell'essere umano. Teilhard de Chardin ha avuto la stessa intuizione quando ha parlato di evoluzione verso il punto Omega.

Questa visione mounieriana dell'uomo si oppone al materialismo e alla riduzione dell'essere umano a oggetto materiale, nonché a qualsiasi forma di idealismo e spiritualismo.

L'uomo non è solo un oggetto materiale, né un puro spirito, né può essere diviso in due sostanze. L'uomo non può essere pensato separatamente dal suo corpo (materia) e dal suo spirito (anima). L'esistenza soggettiva e quella corporea appartengono alla stessa esperienza.

Dice Mounier (1961a, p. 28):

> Je ne peux pas penser sans etre, etre sans mon corps: je suis expose par lui, a moi-meme, au monde, a autrui *(M)*. Rifiutandosi di permettermi di diventare trasparente a me stesso, mi getta senza sosta fuori di me (...). Par la sollicitation des senses, il me lance dans l'espace, par son vieillissement il m'apprend la duree, par sa mort, m'affronte a l'dternitd. Fa pesare la sua servitù, ma nello stesso tempo è a disposizione di tutta la coscienza e di tutta la vita spirituale. È l'onnipresente mddiatore della vita dello spirito[15].

Come si vede, l'esistenza dell'uomo è un'esistenza incarnata, perché l'uomo appartiene alla natura. Ma può anche trascendere la natura, superandola e dominandola o sottomettendola progressivamente. Per il personalista, la natura offre all'uomo l'opportunità di realizzare pienamente la propria vocazione morale e spirituale e di umanizzare o personalizzare il mondo.

---

[15] Non posso pensare senza essere, né essere senza il mio corpo: Sono esposto da esso, a me stesso, al mondo e all'altro (...). Se rifiuto di essere completamente trasparente a me stesso, mi getta costantemente fuori di me (...). Attraverso la sollecitazione dei sensi, mi getta nello spazio, attraverso il suo invecchiamento, mi fa partecipare alla durezza, attraverso la sua morte, mi pone davanti all'eternità. Mi appesantisce con la sua servitù, ma allo stesso tempo è alla radice di ogni coscienza e di ogni vita spirituale. È il mediatore onnipresente della vita dello spirito.

Il personalismo è quindi la riaffermazione dell'uomo contro la tirannia della natura, rappresentata a livello intellettuale dal materialismo. In questo modo si abbatte ogni forma di dualismo tra materia e spirito (Mounier, 1961a, pp. 21-32).

## 2.4.2- Comunicazione

Il Personalismo di Mounier vuole decentralizzare l'uomo affinché possa donarsi agli altri ed essere a disposizione degli altri, in comunicazione o in comunione con loro. Una persona esiste solo in una relazione sociale. L'uomo può avere una vocazione morale e realizzarsi come tale solo se è membro di una comunità di persone. La comunicazione è di estrema importanza per la persona nel movimento di personalizzazione, perché è nella relazione con l'altro, anch'essa in divenire, che avvengono l'integrazione, la crescita e l'affermazione personale. Per Mounier, la comunicazione è fondamentale, perché è nell'affinità con l'altro che la persona si afferma. Inoltre, l'altro non è un limite all'affermazione, ma un mezzo che aiuta a crescere e a essere come persona. In questo modo, si è per l'altro un incontro con se stessi.

L'individualismo esalta l'individuo e lo pone sempre in autodifesa contro gli altri. In questo caso, il cammino del cameratismo, dell'amicizia, dell'incontro e dell'amore è un'impresa vuota. Mentre l'individualismo porta le persone a chiudersi in se stesse e all'impossibilità di comunicare, il personalismo porta le persone fuori dal mondo e verso gli altri. Gli altri non ti limitano, ma ti permettono di essere e di svilupparti.

Infatti, la persona esiste solo con gli altri, si conosce solo attraverso gli altri, si trova solo negli altri. Ciò equivale a dire che io esisto solo nella misura in cui esisto per gli altri e che, in sostanza, essere significa amare. Così, mentre l'individualismo si preoccupa soprattutto di centrare l'individuo su se stesso, il Personalismo si preoccupa soprattutto di decentralizzare l'individuo per stabilirlo nelle prospettive aperte della Persona. E questo diventa possibile perché la Persona è capace di atti originali, totalmente ignorati dall'individuo, quali:

a)        *Uscire da sé:* la Persona è un'esistenza capace di uscire da sé, di spogliarsi per mettersi a disposizione degli altri.

b)         *Capire:* la persona è capace di rinunciare al proprio punto di vista per collocarsi nel punto di vista dell'altro. E di essere tutto per tutti senza perdere se stessa.

c)         *Prendere su di sé e assumere* il destino, la sofferenza, la tristezza, la gioia e il dovere degli altri;

d)         *Dare e donare:* in uno spirito di generosità o gratuità, una persona dà senza misura e senza aspettarsi un ritorno.

e)         *Essere fedeli:* perché l'avventura della Persona è un'avventura che continua dalla nascita alla morte.

Ma Mounier nota anche che l'essere non è amore dalla mattina alla sera. La comunicazione è soggetta a molti ostacoli:

a)         Quando cerchiamo di stabilire una comunicazione, qualcosa dell'altro passa inosservato. Nei nostri dialoghi, la perfetta coincidenza non ci è mai concessa.

b)   Qualcosa in noi resiste al dialogo, una sorta di cattiva volontà.

c)         La nostra stessa esistenza è caratterizzata da una sorta di chiusura, una resistenza irriducibile, una tendenza naturale all'individualismo.

d)         Quando formiamo un'alleanza di reciprocità, come una famiglia, un paese, un corpo religioso, ecc..., inizia a prendere piede una nuova forma di assenza di egoismo e si realizza un nuovo tipo di chiusura tra l'uomo e l'altro uomo.

Tutti questi ostacoli ci portano a credere che nel mondo la persona sia più esposta che coinvolta e impegnata, più desolata che comunicabile. La comunicazione stessa è molto rara e fragile. Deve essere coltivata. Richiede quindi persone che si impegnino a formare comunità di persone e non collettività di individui chiusi, perché solo una comunità di persone può garantire la loro unità (Mounier, 1961a, pp. 33-46).

### 2.4.3- Conversazione intima

Oltre a essere per l'altro, come abbiamo visto nella struttura della comunicazione, la persona è per se stessa innanzitutto attraverso la sua soggettività e interiorità. Mounier la chiama *conversazione intima* e non "soggettività", "interiorità" o "interiorità" per sottolineare quanto segue:

a)      *Ritiro* (su se stessi): la persona si ritira in se stessa, nel silenzio, una sorta di ritiro, che non significa solo ripiegamento su se stessi, perché questo ritiro è solo un momento di un movimento più complesso che consiste nella concentrazione e nella conversazione delle forze, perché quando la persona si ritira, lo fa proprio per fare un salto.

b)      Il *segreto* (l'in sé): la Persona non è qualcosa che si può trovare con una semplice analisi o con la combinazione di alcuni trattati. È, per usare un termine marcianiano, il luogo dell'ininventabile, il luogo stesso della libertà. È semplicemente una presenza attiva. In questo senso, possiamo capire che la vita personale è una vita legata per natura a una dimensione di segretezza. C'è qualcosa in essa che sfugge sempre alla nostra vista e alla nostra analisi.

c)      *L'intimità,* il *privato:* Mounier dice che tra la mia vita segreta e la mia vita pubblica, l'area del privato delimita il campo in cui cerco di mantenere, all'interno del mio essere sociale, la pace del mio io più profondo, l'intimità, che cambia da persona a persona. Ma è anche il luogo in cui cerco la tiepidezza vitale, la passività vegetativa, la dipendenza biologica (Mounier, 1961[a] , p. 50). Pertanto, la vita privata non deve essere intesa come una semplice difesa dalla vita pubblica e la riflessione non deve ridursi alla chiusura in se stessi, ma deve essere intesa anche come intenzione e proiezione di se stessi.

d)      Il *turbamento del profondo:* qui Mounier solleva la questione dell'angoscia. Egli distingue due tipi di angoscia: un'angoscia chiusa in se stessa, che chiude gli esistenti in una disperazione totale, e un'angoscia essenziale legata all'esistenza personale in quanto tale, al mistero della sua libertà, della sua lotta, ecc. dove si proietta da ogni parte.

e)      Dall'*appropriazione* all'*espropriazione:* appropriarsi di alcuni oggetti con cui entrare in intimità e privacy è un bisogno da soddisfare per la persona. In questo senso, non dobbiamo opporre radicalmente l'*essere* e l'*avere* come se fossero due atteggiamenti esistenziali che si escludono a vicenda. In un'esistenza incarnata, è impossibile realizzare l'*essere* senza *avere*. In questo senso, la proprietà è, come l'intimità, una richiesta concreta della persona: essere centrata, ma aprirsi, fiorire. Questa fioritura della persona implica uno spossessamento di sé e dei propri beni. La persona trova se stessa quando fa l'esercizio di perdersi. Potremmo anche dire che la sua ricchezza è ciò che le rimane quando si spoglia di tutto.

f)     La *vocazione: la* vita personale è una continua ricerca di un'unità che si intuisce, si desidera e non si realizza mai. E questa unità non è immediata, tanto meno evidente. Bisogna scoprire dentro di sé il desiderio di cercare questa unità viva, ascoltare con attenzione i suggerimenti che continua a sussurrarci, assaporarla nella fatica e nell'oscurità, senza mai essere sicuri di averla. Questa unità vivente è ciò che chiamiamo vocazione. Essa ha il suo pieno significato per il cristiano, che crede che la sua vita sia una ricerca per rispondere alla chiamata di Dio. Poiché ogni essere umano ha la propria vocazione, l'unità di un mondo di persone può essere raggiunta solo attraverso la diversità delle vocazioni e l'autenticità dell'adesione.

g)     La dialettica *interiorità-oggettività: l'*esistenza personale è sempre una tensione tra i movimenti di esteriorizzazione e interiorizzazione. La persona è un interno che ha bisogno dell'esterno. La parola *esistere* indica, con il suo prefisso, che essere è aprirsi, sbocciare, esprimersi. È questo che, nella sua forma attiva, ci spinge a esternare i nostri sentimenti in gesti o parole, a imprimere il segno della nostra azione su opere visibili, a intervenire nelle vicende del mondo e degli altri (Mounier, 1961a, pp. 47-56).

### 2.4.4- Afrontamento

Per sostenere la struttura del confronto, Mounier utilizza la parola greca *npoaonov,* che, secondo lui, è la più vicina alla nozione di Persona nel suo pensiero filosofico. Dice che la Persona si espone, si esprime: fa un volto, è l'espressione del volto. La parola greca più vicina alla nozione di Pessoa è *npoaonov, cioè* ciò che porta in sé il fatto di riparare in avanti, ciò che affronta. Ma incontra un mondo ostile: per questo l'atteggiamento di opposizione e di protesta è inscritto nella sua stessa condizione (Mounier, 1961a, p. 57). La parola *npoaonov (npoq* significa davanti, di *fronte,* e *onov* da *opao* che significa *vedere)* significa "colui che guarda in faccia, che sfida". In questo senso, Mounier chiarisce che esistere è dire sì, accettare, aderire. Ma se accetto sempre, se non rifiuto e non rifiuto mai, allora mi seppellisco. Esistere personalmente è anche e soprattutto saper dire di no, protestare, ritirarsi (Mounier, 1961a, p. 59). Quindi, è necessario che la Persona dica no, protesti, sia incisiva, perché questo dimostra che esiste. Questo atteggiamento salvaguarda la persona e la rende capace di mettere in discussione credenze, opinioni, certezze, formule, aderenze, abitudini, apparenze, ecc. La rottura e il capovolgimento sono categorie essenziali della Persona.

Oltre alla rottura e al capovolgimento, è essenziale anche la dimensione della lotta per la forza. Mounier dice che l'amore è una lotta; la vita è una lotta contro la morte; la vita spirituale è una lotta contro l'inerzia della materia e del sonno vitale. La persona prende coscienza di sé, non nell'estasi, ma in una lotta di forza. Non si tratta di forza bruta o di aggressività, ma di forza umana spirituale e manifesta (Mounier, 1961a, pp. 60-61). Questa forza permette alla persona di essere sia un atto che una scelta. Se, da un lato, essere significa amare, dall'altro, essere significa affermarsi, facendo risaltare l'atto di colui che dice *io.* L'atto di affermarsi e di esprimersi è certamente un atto della Persona, ma un atto responsabile, che risponde alla vocazione fondamentale di fare scelte libere e responsabili. Poiché questa azione è frutto di una scelta, tutto ciò che impedisce alla persona di fare una scelta libera e responsabile è, per la persona, peggiore della disperazione (Mounier, 1961a, pp. 57-64).

### 2.4.5- Libertà sotto condizione

*Esistenza libera:* La libertà è l'affermazione della persona. Si vive, non si vede. Secondo Mounier, non nasce da una certa preparazione, ma dall'iniziativa della persona di riconoscere le inclinazioni e le tendenze della sua libertà, di sceglierle e di impegnarsi in esse. È la persona stessa che diventa libera dopo aver scelto di esserlo. In nessun luogo può trovare la libertà già data e già costituita. Nulla può garantire che sia libera se non entra coraggiosamente nell'esperienza singolare della libertà (Mounier, 1961a, p. 67). Per questo l'esistenza libera non è un fatto fisso, ma una qualità in continuo mutamento, una sorgente originaria dall'interno, una perpetua invenzione del sé da parte del sé. Mounier dice: "si fa da sé e mi fa facendosi da sé, in esso e attraverso di esso mi invento, invento i miei motivi, i miei valori e il mondo con me stesso, senza appui né secours[16]. (1961a, p. 67). In questa esperienza, l'esistenza libera scopre anche di non essere solo un germoglio dall'interno, ma anche densità, peso. C'è un certo peso e disagio in essa, che proviene dall'essere stesso, da questo particolare essere che l'esistente è, come se fosse condannato. Ma la libertà non si riduce all'essere personale come una condanna, perché gli viene offerta come un dono. L'uomo può accettarla o rifiutarla.

*Una libertà circoscritta: La* libertà è la libertà di una persona e di *questa persona,* così costituita e situata in se stessa, nel mondo e di fronte ai valori. La libertà è condizionata dalla nostra situazione concreta. Essere liberi significa innanzitutto accettare questa condizione e poi utilizzarla come supporto. Dice Mounier (1961a, p. 71):

> La nostra libertà è la libertà di una persona seduta, ma è anche la libertà di una persona valorizzata. Je ne suis pas libre seulement par le fait d'exercer ma spontanbitb, je deviens libre si j'incline cette spontaneite dans le sens d'une liberation, c'est-a-dire d'une personnalisation du monde et de moi-mee[17].

E ancora: "on ne donne pas la liberte aux hommes, de l'exterieur, avec des faciles de vie ou des Constitutions: ils s'assoupissent dans leurs libertes, et se reveillent esclaves"[18]. (1961a, p. 72).

*Libertà di scelta e libertà di adesione:* Essere liberi significa avere la capacità di scegliere. E la scelta appare come il potere di colui che sceglie. Ogni volta che scelgo questo o quello, scelgo me stesso e mi costruisco con ogni scelta che faccio. Ma ridurre la libertà solo al potere di scegliere significa limitare il significato pieno della mia libertà. Questa è la qualità dell'individuo, indisponibile agli altri e chiuso nelle sue

---

[16] Lei si fa e mi fa facendosi, in lei e attraverso di lei, io mi invento, invento le mie motivazioni, i miei valori e il mondo con me, senza supporto o aiuto.

scelte, e non della persona che ha la capacità di donarsi agli altri. Il movimento della libertà non è solo rottura e conquista, è anche e finalmente *adesione*. *L'*uomo libero è colui che il mondo interroga e risponde: è l'uomo *responsabile*. La libertà, in questo senso, non isola ma unisce, non porta all'anarchia, ma è, nel senso più originario del termine, religione, devozione. Non è l'essere della Persona, ma il modo in cui la Persona è tutto ciò che è, e lo è più pienamente che per necessità (Mounier, 1961a, pp. 6573).

## 2.4.6- L'eminente dignità

In questa struttura, l'obiettivo principale di Mounier è quello di sottolineare che la Persona non è vincolata o chiusa in se stessa, ma supera se stessa, in un movimento verso l'Essere; cioè la Persona Suprema (Dio). Il cristianesimo valorizza ogni persona umana ed esalta la sua dignità. E Mounier lo prende a cuore. Infine

[17]    La nostra libertà è la libertà di una persona situata, ma è anche la libertà di una persona valorizzata. Non sono libero solo perché esercito la mia spontaneità, ma lo divento se do a questa spontaneità il significato di liberazione, cioè di personalizzazione del mondo e di me stesso.
[18]    Non si dà la libertà dall'esterno con la vita facile o con le costituzioni; le persone si addormentano nella loro libertà e si svegliano schiave.

l movimento che forma la Persona passa attraverso la trascendenza. Vediamo alcuni dettagli di questa trascendenza:

*Approcci concreti alla trascendenza:* La trascendenza della persona si manifesta attraverso la sua attività produttiva. Ma il soggetto che svolge questa attività non è autosufficiente, né possiamo ridurre la sua attività a una semplice creazione dell'uomo. Dice Mounier (1961a, pp. 75-76):

Affermando me stesso, mi rendo conto che le mie azioni più profonde, le mie creazioni più potenti, emergono in me come mie. Aspiro a qualcos'altro. Ma liberte; meme me vient comme donnee (...). L'aspirazione trascendente della persona non è solo un'agitazione, ma la negazione di sé come mondo vicino, sufficiente (...). La persona non è mai l'etere, è un movimento d'etere verso l'etere, e non è consistente se non nell'etere che vede[17] .

[17] Affermando me stesso, dimostro che le mie azioni più profonde, le mie creazioni più alte, emergono in me senza essere notate. Sono attratto dagli altri. La   mia   libertà   mi   appare   come

Questa intima ricchezza del suo essere gli conferisce una continuità (e non una ripetizione) di sovrabbondanza e, secondo Marcel, di traboccamento.

*Direzione della trascendenza:* Per la persona, andare oltre se stessa non è solo un progetto, ma anche un'elevazione. La persona è portata a superare se stessa perfezionandosi. Ma qual è il fine di questo movimento di trascendenza? Molti pensatori contemporanei parlano di valori come realtà assolute, indipendenti dalle loro relazioni e conosciute *a priori*. Ma i valori sono di per sé realtà impersonali. Per questo i personalisti non accettano di ipotecare la Persona sui valori; al contrario, cercano innanzitutto di personalizzare i valori. Così Mounier dice che il personalismo cristiano va fino in fondo: per lui, tutti i valori sono raggruppati attorno al singolare appello di una Persona suprema (Mounier, 1961a, p. 77).

*Personalizzazione dei valori:* Senza valori, non esisteremmo pienamente. Ma questi valori esistono per noi, affinché possiamo realizzare la loro verità. Esistiamo pienamente quando la verità dei valori si realizza in noi. I valori non sono nemmeno un mondo preconfezionato. Si rivelano nelle profondità della libertà, maturano con l'atto che li sceglie, spesso accettando l'umiltà di un'origine bassa - un interesse, un giudizio sbagliato, ecc. - e la purificano nel tempo. I valori sono il segno che la persona non è una realtà locale e separata, ridotta alla sua condizione, ma sono il segno che può, dall'angolo della sua condizione, abbracciare l'universo ed estendere indefinitamente il lago che la lega ad esso. In questo modo, la Persona è definitivamente un movimento verso il transpersonale, che a sua volta annuncia l'esperienza della comunione e della valorizzazione. Questo movimento è un movimento in lotta, perché la Persona incontra ostacoli nell'esperienza del valore (sofferenza, male e nulla). L'esperienza dimostra che ogni valore nasce dalla lotta e si afferma nella lotta, dall'ordine politico alla giustizia sociale, dall'amore sessuale all'unità di tutti gli uomini e, per i cristiani, al Regno di Dio (Mounier, 1961a, pp. 74-89).

---

qualcosa di dato (...). L'aspirazione trascendente della Persona non è l'agitazione, ma la negazione di sé come mondo chiuso e sufficiente (...). La Persona non è l'essere, ma il movimento dall'essere all'essere, e diventa solo ciò che intende essere.

### 2.4.7- L'impegno

Per Mounier, impegno è sinonimo di azione e coinvolgimento. L'uomo ha il dovere di inserirsi nella società per personalizzare e customizzare il mondo; in altre parole, per trasformarlo. L'azione è decisiva per la stessa esistenza umana, perché di fronte alla necessità di trasformazione l'uomo non può rimanere indifferente. Per questo motivo, la teoria dell'azione non è una semplice appendice del Personalismo, ma una delle sue parti centrali. Ogni azione presuppone la libertà. Una dottrina materialista o determinista si appella sempre abusivamente a un'azione già orientata e determinata. È un'azione non responsabile, esterna all'essere umano. È un'azione che non coinvolge, impegna o compromette l'essere umano. Non è un'azione libera. Per questo non è nemmeno un'azione umana.

### A) La teoria dell'azione: le sue quattro dimensioni

L'azione umana è un'azione in cui l'essere umano agisce come soggetto responsabile e si impegna. Ma cosa richiede questa azione? Per Mounier, richiede di cambiare la realtà esterna, di formarsi, di avvicinarsi agli altri e di arricchire il proprio universo di valori (Mounier, 1961a, p. 92). In una distinzione classica, vediamo quanto segue:

a)      *Fare:* qui lo scopo dell'azione è dominare e organizzare la materia esterna. È l'*azione economica: l'*azione dell'uomo sulle cose e sugli uomini stessi in termini di forze naturali o produttive. È la padronanza della scienza applicata agli affari umani, dell'industria nel senso più ampio del termine. Ha il suo scopo e la sua misura nell'*efficienza.* Ma l'uomo non si accontenta di produrre e organizzare. Nelle sue operazioni e realizzazioni, ha bisogno di trovare la sua dignità, la fraternità dei suoi simili e qualsiasi elevazione rispetto alla semplice utilità. Pertanto, è a questo livello dell'essere umano che l'economico deve essere personalizzato e il personale deve essere istituzionalizzato.

b)      *Azione:* qui lo scopo dell'azione è formare l'uomo, le sue capacità, le sue virtù, la sua unità personale. Si tratta quindi di un'*azione etica.* Il suo scopo e la sua misura sono l'*autenticità.* Non importa quale sia il risultato esterno dell'azione, ciò che conta è come il soggetto l'ha compiuta e in che misura questa azione rende e cambia il soggetto stesso.

c)      *Azione contemplativa:* è l'attività che esplora i valori e se ne arricchisce, estendendo il loro dominio a tutta l'umanità. Questa contemplazione non è solo opera dell'intelletto, ma di tutto l'uomo; non è evasione dall'attività comune, ma aspirazione a una padronanza dei valori che invadono, coinvolgono e sviluppano tutta l'attività umana. Il suo obiettivo è la *perfezione* e l'*universalità,* ma attraverso un lavoro finito e un'azione singolare. L'uomo contemplativo, cercando di esplorare e realizzare i valori, può persino contraddire la pratica. Questa è la dimensione *profetica* dell'azione. L'azione profetica assicura il legame tra il contemplativo e il pratico (l'etico + l'economico), come l'azione politica tra l'etico e l'economico. Affermerà, ad esempio, l'assoluto nel suo rigore categorico, attraverso le parole, gli scritti, i gesti, quando il significato è indebolito o quasi deviato dall'impegno: è il caso dell'obbedienza di Abramo, degli scioperi della fame di Gandhi, ecc.

d)      La *dimensione collettiva dell'*azione: la comunità di lavoro, la comunità di destino o la comunione spirituale sono indispensabili per l'umanizzazione integrale dell'azione.

**B) La teoria dell'impegno: polo politico e polo profetico**

Non basta dire che teoria e pratica devono andare di pari passo. Occorre disegnare la geografia completa dell'azione per sapere cosa bisogna unire e come. L'azione, nel suo senso più completo, ha due poli: il polo politico e il polo profetico. L'uomo di un'azione completa è colui che porta dentro di sé questa doppia polarità e gira da un polo all'altro, lottando intorno a entrambi per garantire l'autonomia e regolare la forza di ciascuno, e per trovare la comunicazione dall'uno all'altro.

Una filosofia che ammette l'esistenza di valori assoluti è quasi sempre tentata di affidarsi a cause e mezzi perfetti per agire. Ma l'Assoluto non è di questo mondo e non è compatibile con questo mondo. Il nostro impegno si svolge all'interno di una lotta discutibile su cause imperfette. Rifiutare questo impegno significa anche rifiutare la condizione umana. Anche coloro che si impegnano aspirando alla purezza interiore sono spinti da un certo narcisismo superiore, una preoccupazione egocentrica per l'integrità individuale che è destinata a fallire, perché l'ideale di purezza rimarrà sempre un ideale.

Spesso non conosciamo la situazione ideale e non scegliamo nemmeno le situazioni in cui è richiesta la nostra azione. Siamo vittime di queste situazioni e siamo costretti a rispondere al volo, rischiando e inventando qualcosa. In questo senso, agire è sempre rischiare. E dobbiamo correre questo rischio: è il rischio che consiste nel continuo sforzo di fedeltà sui sentieri perplessi della nostra esperienza, un rischio che prendiamo nella parziale oscurità delle nostre scelte. Questo rischio ci pone in uno stato di spossessamento, di insicurezza, ma anche di audacia, che è l'ambiente adatto per grandi azioni e realizzazioni.

Detto questo, possiamo già vedere che l'azione di impegno non va confusa con l'azione di mobilitazione o di reclutamento. L'azione di impegno si svolge in una struttura tragica che compromette il soggetto e in cui il soggetto sperimenta il successo e il fallimento. Agire in questo modo non è facile. Richiede coraggio: il coraggio di accettare questa condizione scomoda e di non rinunciarvi mai. È questa azione scomoda e sconcertante che porterà alla rivoluzione personalista e comunitaria (Mounier, 1961a, pp. 90-99).

# CAPITOLO III - La PERSONA: BASE DELLA RIVOLUZIONE

## PERSONALISTA E COMUNITARIA

## 1- Il significato del movimento personalista

### 1.1- Una costante storica e un'eredità culturale

N Il personalismo non è un sistema filosofico, tanto meno una dottrina coerentemente articolata:

a)      *Una costante storica* chiaramente identificabile, le cui origini risalgono all'antropologia cristiana. Nel corso di questa costante storica, diverse filosofie hanno apportato i loro punti di vista, teorie, sistemi, ecc.

b)      Un *patrimonio culturale* costituito da un complesso di idee, un patrimonio che è stato ripreso e sviluppato nel secondo quarto del XX secolo.

Mounier utilizza questa eredità come tentativo di proiettare attivamente un modello (profondamente utopico) in grado di incidere sulla prassi e sulla struttura della società (Cordon & Martinez, 1994, p. 155).

### 1.2- Piattaforma per l'azione congiunta

È l'interesse etico-politico di Mounier che ci porta a considerare il personalismo come una piattaforma per l'azione comune. Egli afferma (1961b, p. 7):

> Personnalisme n'est pour nous qu'(...) une 4ë81дпайоп collective commode pour des doctrines diverses, mais qui, dans la situation historique ou nous sommes places, peuvent tomber d'accord sur les conditions dldmentaires, physiques et mdtaphysiques, d'une civilisation nouvelle. Il Personnalisme non annuncia la costituzione di una scuola, l'apertura di una cappella o l'invenzione di un sistema chiuso. Chiede una convergenza di volontà e si mette al loro servizio, senza toccare la loro diversità, per trovare i mezzi per pesare efficacemente sulla storia[20] .

---

[20] Il personalismo non è altro che (...) una comoda denominazione collettiva per dottrine diverse, ma che, nella situazione storica in cui ci troviamo, possono essere concordate nelle condizioni elementari, fisiche e metafisiche di una nuova civiltà. Il personalismo non annuncia la creazione di una scuola, l'apertura di una cappella o l'invenzione di un sistema chiuso. Testimonia una convergenza di volontà e si mette al loro servizio, senza intaccare la loro diversità, per cercare i

Per questo motivo, il movimento personalista, con la sua decisa intenzione di testimoniare la verità in ogni circostanza, non era legato ad alcun partito e non aveva pretese di questo tipo. Nacque e si sviluppò semplicemente come un movimento fatto di idee, critiche, stimoli, polemiche e iniziative. Questo ci aiuta a comprendere meglio l'affermazione di Mounier secondo cui "il Personalismo è una filosofia, non un semplice atteggiamento; è una filosofia, ma non un sistema" (Mounier, citato da Reale & Antiseri, 1991, p. 726). Pertanto, dire che il personalismo non è un sistema non equivale a dire che il personalismo non è una filosofia. Di conseguenza, possono esistere diverse correnti filosofiche personaliste (Copleston, 1996, p. 301). Pertanto, il Personalismo assumerà una posizione critica, mostrando le debolezze di tutti i sistemi e le filosofie del suo tempo, vale a dire: Capitalismo (con esso anche Individualismo e Liberalismo), Marxismo (Comunismo e le sue antitesi), Esistenzialismo, Idealismo, Anarchismo, Fascismo e tutti i tipi di totalitarismi.

## 2- Le regole della strategia personalista

Dopo aver criticato tutti i sistemi filosofici e ideologici, vediamo ora come Mounier stabilisce le norme della strategia personalista nel suo saggio *Personalismo e rivoluzione del XX secolo* (Mounier, 1961a, p. 104-105). In questo senso, egli indica quanto segue:

a)      Almeno come punto di partenza, è necessaria una posizione di indipendenza dai partiti e dai gruppi consolidati, senza per questo affermare una posizione anarchica o un'apolitica di fondo. Inoltre, laddove l'adesione di un individuo a un'azione collettiva lasci sufficiente libertà d'azione, dovrebbe essere preferita all'isolamento;

b)      Poiché lo spirito non è una forza assurda o magica, la semplice affermazione dei valori dello spirito può essere fuorviante se non è accompagnata da una rigorosa delimitazione dell'attività e dei suoi mezzi;

c)      La stretta unione tra "spirituale" e "materiale" implica che, in ogni questione, si debba prendere in considerazione l'intera problematica, spaziando dai

---

mezzi per pensare efficacemente la storia".

dati "ignobili" a quelli "nobili", con estremo rigore in entrambe le direzioni. La tendenza alla confusione è il primo nemico del pensiero ampio;

d)        Il senso della libertà e della realtà ci impone di liberarci da ogni *apriorismo* dottrinale *nella* nostra ricerca e di essere positivamente pronti a tutto, anche a cambiare direzione per rimanere fedeli alla realtà e al nostro spirito;

e)        La cristallizzazione compatta del disordine del mondo contemporaneo ha portato alcuni personalisti a definirsi rivoluzionari. Il senso della continuità storica ci impedisce di accettare il mito della rivoluzione come "tabula rasa", poiché una rivoluzione non cessa di essere una crisi morbosa che non porta automaticamente a una soluzione. Essere rivoluzionari significa qualcosa di molto semplice, ma significa anche che al caos del nostro tempo, così radicale e così tenace, non si può porre rimedio senza un contromovimento, senza una profonda revisione dei valori, senza una riorganizzazione delle strutture e senza un rinnovamento delle classi dirigenti.

## 3- La rivoluzione personalista e comunitaria

### 3.1- Ricostruire il Rinascimento

Se il Rinascimento è uscito dalla crisi del Medioevo e l'ha risolta, la rivoluzione personalista e comunitaria deve risolvere anche la crisi del XX secolo, aspirando a una nuova civiltà e a un nuovo uomo. Ma questa rivoluzione deve prima correggere gli errori del Rinascimento, cioè deve essere rifatta. E deve essere rifatto in due modi: un rifacimento personalista e un rifacimento comunitario. Il primo Rinascimento non ha considerato il Rinascimento personalista e ha trascurato il Rinascimento comunitario. Per questo è degenerato nell'individualismo. La rivoluzione personalista e comunitaria esige quindi che si introducano la Persona e la Comunità al centro della discussione teorica e dell'azione pratica (Mounier, 1961c, pp. 48-49).

### 3.1.1- Formare la persona umana ad essere oggetto di rivoluzione

Nel loro articolo *La persona e l'educazione in Emmanuel Mounier,* Judinei Jose Vanzeto e Marcos Alexandre Alves descrivono le linee essenziali del progetto pedagogico di Emmanuel Mounier per quanto riguarda il risveglio della persona (Vanzeto & Alves, s. a., pp. 8-10). Essi affermano che l'essere umano è immerso in un continuo movimento di personalizzazione. Questo movimento deve iniziare fin dall'infanzia con l'obiettivo di risvegliare la Persona. In effetti, Mounier attribuisce un'enorme importanza alle istituzioni educative e alle tecniche di educazione e di persuasione rispetto alle tecniche di pressione, di astuzia o di menzogna, perché l'essere umano si impegna bene solo quando si impegna con la sua totalità (Mounier, 1961a, p. 55). Così, Mounier prevede una proposta educativa che enfatizza la valorizzazione e il risveglio della persona e della sua libertà. Nel *Manifesto al servizio del personalismo,* Mounier dedica un capitolo specifico all'educazione della persona. L'essere umano non può essere valorizzato solo per ciò che produce, ma innanzitutto per il suo essere, cioè per la sua interiorità e la sua soggettività. Esse non possono essere definite perché sono in un processo di personalizzazione permanente. Definirlo significherebbe negare questo movimento di personalizzazione.

Per Mounier, la scuola non dovrebbe preoccuparsi tanto dell'istruzione o della preparazione esclusiva, perché il "fine di ogni educazione è il 'risveglio' della Persona (...), lo sbocciare di un'esistenza veramente umana, che è insieme immanenza e trascendenza, e il suo essere non appartiene a nessuno se non a se stessa" (Lorenzon, cit. da Vanzeto & Alves, s. a., p. 9). La "funzione principale della scuola non è quella di *creare* cittadini consapevoli, buoni patrioti, o piccoli fascisti, piccoli comunisti. La sua missione è quella di *risvegliare* persone capaci di vivere e di assumere posizioni come persone" (Mounier, citato da Vanzeto & Alves, s. a., p. 9). E perché ciò avvenga, "(...) il ruolo della scuola, a partire dalla scuola primaria, è quello di insegnare a vivere, non di accumulare conoscenze esatte o processi efficienti. E si addice a un mondo di persone che la vita non venga insegnata attraverso istruzioni impersonali distribuite in verità codificabili" (Mounier, citato da Vanzeto & Alves, s. a., p. 9).

L'obiettivo principale è proprio quello di liberare la persona da tutti i vincoli di una società spersonalizzante, in un'ottica di valorizzazione della persona. A tal fine,

Mounier ci ricorda che la libertà della persona è la libertà di scoprire la propria vocazione e di scoprire liberamente i mezzi per realizzarla. Non è una libertà di astensione, ma una libertà di impegno (Mounier, 1961b, p. 54). Perché ciò avvenga, l'insegnante ha un ruolo importante da svolgere, perché è colui che, attraverso la sua testimonianza, deve essere uno stimolatore, un essere attivo, un investigatore e un soggetto di personalizzazione per lo studente. Lorenzon dice

> È ovvio che per gli insegnanti sarebbe molto più facile impartire le loro lezioni che suscitare o, meglio ancora, risvegliare negli altri un appello, una presa di coscienza, una demarcazione o una sequenza di demarcazioni alla ricerca della verità e della crescita personale. Questo sarebbe un modo migliore e più efficace di formare uno spirito critico. In questo senso, sarebbe necessario mettere da parte e combattere un certo semplicismo nella discussione pedagogica, preparando prima di giudicare (Lorenzon, cit. da Vanzeto & Alves, s. a., p. 9).

Gli insegnanti devono valorizzare tutti gli studenti e motivarli a essere creativi e spontaneamente curiosi. Inoltre, a poco a poco, deve inserire piccole responsabilità in ogni studente in modo personalizzato, perché deve sentirsi parte di *qualcosa per poter* contribuire a qualcosa nel suo ambiente. Ogni studente deve essere valorizzato e si deve tenere conto della sua globalità, cioè del fatto che è un essere corporeo e animico, che ha sentimenti ed è un essere di relazione e, soprattutto, di dialogo e di esperienza comunitaria. In questo modo, l'ambiente scolastico deve offrire spazi comunitari che collaborino, soprattutto, allo sviluppo integrale della persona.

### 3.1.2- Iniziativa comunitaria e impegno etico, politico e sociale

Il Rinascimento ha lasciato il posto all'individualismo, che ci opprime ormai da cinque secoli. Oggi l'uomo cerca di ribellarsi a questo regime. Il fascismo e il comunismo ne sono un riflesso. Per Mounier, la lotta contro l'individualismo deve essere condotta attraverso una rivoluzione personalista. Ma questo da solo non basta. Le idee di "impegno" e "conversione" insite nella Persona hanno il loro pieno significato in una prospettiva *comunitaria*, e la realizzazione personale richiede un impegno politico (comunitario). Per questo motivo, la rivoluzione personalista non può avere successo se non è aiutata dalla rivoluzione comunitaria: la Persona deve essere concepita all'interno delle prospettive della comunità. E non si tratta di una comunità qualsiasi, perché per il personalista solo la *comunità personalista* si chiama comunità, quella comunità che può essere definita come una comunità di persone, una Persona di persone, una Superpersona.

Pertanto, l'uomo deve essere iniziato alla vita comunitaria. Se il primo atto di iniziazione alla Persona è la presa di coscienza della mia vita anonima, allo stesso modo il primo passo dell'iniziazione alla comunità è la presa di coscienza della mia vita indifferente. Qui troviamo l'inevitabile legame tra la Persona e la comunità. Riconoscere l'altro come un *tu* mi impone di abbandonare l'indifferenza. E la relazione *Io-Tu* (una Persona a un'altra Persona) è la relazione primordiale della vera comunità. Si tratta di una relazione d'amore, attraverso la quale la mia Persona si decentra e vive nell'altro. L'amore è l'unità della comunità, così come la vocazione è l'unità della persona. Non è possibile avere una vera comunità prescindendo dalla Persona, né cercare di fondare la comunità su qualcosa di diverso da persone solidamente costituite. *Siamo* nati dall'*io*, ma un *io* che è una Persona.

Imparare a conoscere una persona è un lavoro duro e non avviene automaticamente. Ecco perché l'esperienza della comunità è innanzitutto un'esperienza vicina e non immediata. Non diciamo: amerai l'uomo come te stesso, ma: amerai il *tuo prossimo* come te stesso, cioè donandoti a lui senza misura. Questo deriva dal fatto che la vera comunità non è una collettività di individui chiusi, ma una comunità di Persone in cui ognuno si apre all'altro e si lascia prendere dall'altro. Per questo motivo, imparare la comunità significa imparare a conoscere il nostro prossimo come Persona all'interno della sua relazione con la mia Persona. Anche qui incontriamo l'altro che è diverso dal *tu*, l'altro che è una terza persona, un *lui*. In realtà, non esiste una terza Persona. C'è una prima Persona, una seconda Persona e l'impersonale. L'altro (terza persona) diventa un elemento della comunità quando diventa per me una *seconda persona,* un *tu*; cioè, nella misura in cui è voluto da me come prima persona in relazione a me. Questa è l'intuizione di Buber quando dice che "la Persona appare nel momento in cui entra in relazione con altre persone" (Buber, cit. da Rangel, 2004, p. 54). Scopro un uomo quando improvvisamente diventa *te*.

Il legame tra la persona e la comunità è così organico che possiamo dire che le vere comunità sono in realtà persone collettive, persone di persone. Tutto ciò che abbiamo detto sulla persona, trasposto, può essere applicato alla comunità. Essa non è più la somma degli individui che la compongono, così come la Persona non è la somma dei caratteri interiori che la portano fuori strada. Tutta la comunità cerca di erigersi in una Persona, che è la sua figura limite. Solo questa comunità può avvicinare l'uomo a se stesso, esaltarlo e trasfigurarlo.

Cercando le realizzazioni sociali della comunità personalista, Mounier parla di uno *Stato pluralista per il* livello politico e di *un'economia decentrata fino alla Persona come figura limite* per il livello economico. Queste due realtà su questi due livelli potranno garantire, con la creazione di organizzazioni comunitarie, la libertà necessaria per salvaguardare la Persona (Mounier, 1961c, pp. 48-67). In questo senso, l'intera società deve essere realizzata in modo tale da riconoscere e promuovere i valori della persona. La persona non può essere una semplice cellula di un organismo sociale, né si può pretendere di subordinare l'uomo allo Stato in tutto, poiché lo Stato è per l'uomo e non l'uomo per lo Stato. Il personalismo vuole stabilire un'organizzazione sociale che garantisca le esigenze della vita economica, un'organizzazione basata sul riconoscimento della natura e dei diritti della persona umana. Il capitalismo e il totalitarismo sono disumani. E l'anarchismo non risolve nulla. Il personalismo richiede quindi un ripensamento delle altre strutture sociali e politiche per stabilire una società ben personalizzata (Copleston, 1996, pp. 303-304).

### 3.2- Una rivoluzione integrale (a tutti i livelli): dall'economico allo spirituale

Anche l'articolo di Carine Ayati *L'economie selon Emmanuel Mounier ou la rencontre du spiritual et du temporel (L'economia secondo Emmanuel Mounier o l'incontro tra lo spirituale e il temporale),* citato sopra, è importante per analizzare questo tema.

### 3.2.1- Il ruolo dell'economia in una rivoluzione comunitaria e personale

Il posto dell'economia in una società personalista è importante ma non onnipotente. L'economia deve essere subordinata alla politica e quest'ultima, a sua volta, deve essere soggetta a un'etica e ordinata da un principio spirituale. Le proposte di riforma economica personalista deriveranno quindi da una visione totale della crisi degli anni Trenta, perché questa crisi non è solo economica, ma anche spirituale; non è solo una crisi di strutture, ma anche e soprattutto una crisi dell'uomo. Secondo la sua filosofia della storia, il progetto personalista considera assurda una rottura totale e immediata con tutto ciò che costituisce il presente del capitalismo. Mounier considera aberrante anche la posizione di chi vuole uscire dal capitalismo e tornare a una civiltà rurale e artigianale. Per garantire l'umanizzazione dell'uomo ignorata dal capitalismo, Mounier chiede un socialismo rinnovato e democratico, situato nella continuità del capitalismo.

La rivoluzione personalista si definisce comunitaria e personale. Diventa pensabile e possibile nella misura in cui ognuno intraprende una serie di rotture nei propri atteggiamenti:

a) Astenersi dal concedere prestiti con interessi;

b) Rinunciare a qualsiasi comportamento speculativo su beni o capitali;

c) Rifiutare tutti i guadagni basati sul lavoro effettivamente prestato o su un servizio guadagnato dalla comunità (lotterie, cartellini regalo, per esempio);

d) Rivedere le proprie esigenze per attenersi a quelle essenziali, ecc.

Per questo motivo, in accordo con Mounier, la nostra convinzione fondamentale è che una rivoluzione è un'opera di uomini, in cui la sua principale efficacia è l'ardore interiore che si comunica da uomo a uomo, quando gli uomini si offrono liberamente agli uomini. Questo cambiamento di comportamento richiede riforme strutturali all'interno di una teoria generale dell'azione personalista che richiede un passaggio obbligato a un pensiero che vuole essere un pensiero di impegno, cioè un pensiero impegnato.

### 3.2.2- L'azione economica e l'errore capitalistico del primato del profitto

L'azione personalista è multidimensionale: comprende la modificazione della realtà esterna, la formazione dell'uomo, l'avvicinamento tra gli uomini e lo sviluppo del valore comunitario. È la prima dimensione (la modificazione della realtà esterna) che mette pienamente in luce il ruolo dell'azione economica: è l'atto volto a dominare e organizzare un materiale esterno, che Mounier chiama *azione economica,* e la padronanza della scienza applicata agli affari umani, dell'industria nel senso più ampio del termine. Se l'azione in generale non viene ridotta alla sua sola componente economica, ma viene inclusa in queste quattro dimensioni, diventa subito chiaro che questa componente economica occupa un posto decisivo all'interno dell'atto rivoluzionario. La rivoluzione economica (e politica) viene così presentata come il primo passo della rivoluzione spirituale. Per Mounier, il capitalismo è necessariamente entrato in crisi, perché la crisi che lo colpisce è insita nelle sue strutture. Essa si spiega con il fatto che il profitto o il vantaggio individuale è l'unico movente dell'azione capitalistica e con il regime di proprietà privata (Mounier, 1961a, pp. 92-93, 105).

Con la legittimazione del profitto come fine ultimo, si installa la tirannia del denaro. Il denaro diventa un fine in sé all'interno di un sistema che stabilisce come principio la fecondità del denaro e dove la ricerca del profitto detta legge nella sfera della produzione. Qui la persona viene per ultima. Il capitalismo è quindi un regime di sottomissione. Un'economia personalista, invece, regola il profitto rispetto al servizio guadagnato, il servizio guadagnato rispetto alla produzione, la produzione rispetto al consumo e il consumo rispetto a un'etica dei bisogni umani soddisfatti in una prospettiva totale della persona (Mounier, 1961b, p. 144). Insistendo sul fatto che l'economia deve essere al servizio della persona sia nel consumo che nella produzione, Mounier si separa da un lato dal cooperativismo, che riduce la persona a semplice consumatore, e dall'altro dal sindacalismo, con le derive produttiviste e industrialiste insite nella riduzione della persona a semplice produttore.

### 3.2.3- L'ideale di circolazione e la concezione personalista del lavoro

Il circuito personalista si basa su un concetto centrale: la *circolazione.* In un'economia sana, c'è uno *scambio di* beni e servizi, non solo di beni e servizi. Ecco perché la circolazione è una necessità, mentre l'accumulo è una catastrofe. Dobbiamo eliminare ciò che ostacola la circolazione della ricchezza. Per farlo, dobbiamo prima annientare lo spirito di guadagno. E perché ciò avvenga, dobbiamo ridefinire il luogo di lavoro, perché anch'esso ha bisogno di una rivoluzione molto ampia.

Il personalista deve prendere le distanze dalla concezione marxista del lavoro. Per Marx, ciò che l'uomo è coincide con ciò che produce e con il modo in cui lo produce. Producendo, produce la sua vita. Pertanto, per natura, l'uomo è un animale economico. A causa della distinzione tra lavoro (industriale, artigianale, commerciale, ecc.) e della distinzione tra città e campagna, sono emerse la proprietà privata e la disuguaglianza sociale. Il lavoro diventa quindi un mezzo di sussistenza per l'uomo, soprattutto per il lavoratore. Il lavoratore diventa una merce nelle mani del capitale. Questa è l'alienazione del lavoro. E da questa alienazione derivano gli altri tipi di alienazione (politica, religiosa, ecc.).

Nella concezione personalista, il lavoro non si riduce alla sua dimensione economica, ma è multidimensionale, allo stesso tempo politico, economico, giuridico, sociale, morale e spirituale. Il lavoro è un valore in quanto partecipa alla persona e alla comunità. Tuttavia, non è un fine in sé, perché anche ciò che serve, la produzione di ricchezza, non è un fine in sé.

Mounier basa le sue concezioni sulla distinzione tra *lavoro, attività* e *tempo libero*. Il lavoro non è un diritto alla vita, né è la parte essenziale della vita dell'uomo. Sotto di esso c'è la vita dell'anima, l'intelligenza, l'amore, ecc. Ma il lavoro sarà sempre necessario, perché serve a garantire la sussistenza di tutti, è uno strumento di disciplina personalistica e perché è fonte di cameratismo, prepara comunità profonde. Il lavoro è quindi un obbligo: "Chi non lavora ed è in grado di farlo non deve mangiare". Questo obbligo garantisce il primato del lavoro sul capitale.

Il lavoro è complementare all'*attività*. Il contrario di attività è ozio, il contrario di lavoro è riposo. L'ozio è contro natura. Ma il vero riposo è un'attività piena, essenziale per l'uomo quanto il lavoro.

Il problema è affrontare riforme concrete che facciano appello a queste convinzioni fondamentali; cioè, proporre un nuovo modo di distribuire e remunerare il lavoro che sia irriducibile a un semplice reddito salariale e che parta dal principio che il lavoro è l'unico fattore di produzione che crea veramente ricchezza. La remunerazione del lavoro non sarà più un salario alla maniera capitalista, cioè né un lavoro né una quantità di lavoro. Mounier ritiene che dovrebbe essere una regola che il salario non può essere misurato essenzialmente se non dalla quantità di lavoro, e che il lavoro non è misurabile, ma qualitativo e personale (Mounier, 1961c, p. 128).

Sarà la comunità a determinare l'equa retribuzione del lavoro, tenendo conto della necessità di garantire un livello minimo di sussistenza in risposta alle esigenze delle imprese e dell'economia. Per quanto riguarda la questione del volume di occupazione, questa viene affrontata collettivamente nel quadro di una costituzione nazionale che proclama il diritto al lavoro per tutti (Mounier, 1961c, pp. 123-128).

### 3.2.4- La povertà come condizione economica ideale

Queste trasformazioni radicali delle strutture economiche non possono essere efficaci se ogni persona non compie la propria rivoluzione interiore. Parlare di un livello minimo di vita, di lavoro per tutti, di attività creativa come complemento del lavoro, implica l'interiorizzazione da parte di tutti di un'etica personalista dei bisogni, che valorizzi l'essenziale rispetto al superfluo. Mounier ritiene che, a livello di etica individuale, si pensi che una certa povertà sia lo status economico ideale della persona: per povertà non si intende un ascetismo indiscreto o un'avarizia vergognosa, ma un certo sospetto del peso di tutto ciò che ci lega, in breve, il gusto della semplicità. Questa etica poggia su una certa concezione del bene, inteso come una certa situazione di realizzazione e di pienezza, allo stesso tempo di calma e di gratuità, una sorta di leggerezza interiore che si comunica alle cose e agli altri esseri vicini (Mounier, 1961b, p. 146).

Per Mounier, queste riforme economiche, politiche e morali, considerate nel loro insieme, sono necessariamente giuste. Vanno nella direzione di una filosofia della storia che afferma il suo scopo come l'unico possibile: l'avvento di una civiltà personalista, una civiltà le cui strutture e il cui spirito sono orientati alla realizzazione come Persona di ciascuno degli individui che la compongono (Mounier, 1961b, p.[45] .).

### 3.3- Verso una nuova società

Che tipo di società sarebbe dunque in grado di portare avanti Mounier? La risposta è immediata: una società personalista e comunitaria, una società basata sull'amore che si realizza nella comunione, quando la Persona prende su di sé e assume il destino, la sofferenza, la gioia e il dovere degli altri. Così, sempre basandosi sull'idea di Persona, Mounier difende i diritti delle donne, si oppone a tutte le forme di razzismo e di xenofobia e crea un settore educativo indipendente ed extrascolastico che gode della massima libertà. Difende anche le autonomie locali. Potremmo definire questo *socialismo mounieriano*, un socialismo caratterizzato:

a) Per l'abolizione della condizione del proletariato;

b) Sostituendo l'economia anarchica, fondata sul profitto, con un'economia organizzata secondo le prospettive totali della Persona;

c) Per la socializzazione senza nazionalizzazione dei settori produttivi che favoriscono l'alienazione economica e per lo sviluppo della vita sindacale;

d) Per la promozione contro l'impegno paternalistico del lavoratore;

e) Per il primato del lavoro sul capitale e la conseguente riabilitazione di questo lavoro;

f) Per l'abolizione delle classi formate sulla base della divisione del lavoro o della ricchezza;

g) Per il primato della responsabilità personale rispetto all'apparato anonimo, ecc.

L'individuo deve essere protetto dall'abuso di potere, perché il potere, se non controllato, tende all'abuso. La difesa personalista della persona si è espressa attraverso l'idea di uno Stato pluralista, con poteri divisi e contrapposti, che si garantiscono a vicenda contro gli abusi. Questo tipo di Stato è più vicino a uno Stato al servizio della persona (Mounier, 1961c, p. 67).

### 4- Il personalismo di Mounier e la sua concezione cristiana della storia

### 4.1- Il cristianesimo e la nozione di progresso nella storia

### 4.1.1- La nozione di progresso

Mounier si rende conto che la strada giusta per incoraggiare le persone a uscire dalla crisi si trova nel cristianesimo. Per questo motivo, nella sua opera *La piccola paura del XX secolo*, Mounier, ancorato alla sua idea di Persona, dedica un intero capitolo a parlare del cristianesimo e della nozione di progresso. A proposito del progresso, Mounier afferma che questa idea è molto confusa. Oggi è stata modernizzata, cioè è stata pensata all'interno di prospettive storiche moderne. È questa idea che vogliamo analizzare ora, e non un'astrazione qualsiasi. Dai nostri studi, possiamo analizzarla in termini di quattro idee fondamentali:

a)       La prima idea afferma che la storia ha un senso: la storia del mondo è, prima, durante e dopo, la storia dell'uomo.

b)       La seconda idea afferma che questo movimento diretto della storia parte da un impulso profondo e prosegue verso il meglio, anche se le vicissitudini complicano il suo corso. E questo movimento è un movimento di liberazione dell'uomo.

c)       La terza idea afferma che l'attuale sviluppo della scienza e della tecnologia, che si sta diffondendo su tutta la terra, è un momento decisivo per questa liberazione.

d)       E l'ultima afferma che, all'interno di questa ascesa, l'uomo ha la gloriosa missione di essere l'autore della propria liberazione (Mounier, 1959, 67. 70).

### 4.1.2- Il progresso: una realtà che ha una fine

Mounier afferma che, per il cristianesimo, il progresso dell'universo non è indefinito, come pensano Marx, i suoi seguaci e l'intero regime borghese, ma definito. Cristo è già venuto e ha dato il senso della storia, e il mondo è già salvato. Con Cristo, l'umanità entra in un tempo che ha un senso. L'*Incarnazione* è l'evento a cui la storia è definitivamente legata. Questo evento ricapitola tutta la storia precedente, che è vista come una lenta preparazione a questo stesso evento. E questo evento inaugura e dirige tutta la storia successiva. Ecco perché questo evento è unico, accade "una volta per tutte" (Mounier, 1959, p. 77). La storia non è eterna, perché c'è una fine alla storia, al mondo e al tempo. Questa fine, oltre al significato, presuppone anche una direzione. E la direzione della storia è una direzione felice e quindi presuppone anche una fine felice. Per questo il cristianesimo non è catastrofico, ma progressivo ed escatologico. Tutta la complessità dell'esegesi storica cristiana sta in questo legame tra progressivo ed escatologico. Per il cristiano, la fine del mondo ha una doppia urgenza: l'urgenza del giudizio e l'offerta permanente della promessa di gloria. Questa situazione si distribuisce su tutta la storia e sull'esposizione di ogni singola vita (Mounier, 1959, p. 17). Il cristianesimo annuncia l'assunzione di tutta l'umanità e di tutte le sue opere nel Regno pieno. E questa riunione non può essere possibile se non c'è una fine del progresso e del mondo, dove tutti gli sforzi sono giustamente giudicati e ricompensati (Mounier, 1959, pp. 80-83).

### 4.1.3- Progresso: avango-recuo-avango

Un altro significato, addirittura supremo, della storia del progresso è la dialettica avanti-indietro. Perché Dio non ha creato un essere umano già perfetto? Perché deve esserci un'evoluzione? Perché la marcia della storia deve essere esitante? Il cristianesimo risponde: Dio è un Padre, non un paternalista. Ha voluto che la liberazione dell'uomo fosse il frutto del suo lavoro, del suo talento e delle sue sofferenze e difficoltà. Il progresso è sempre pensato come un movimento in avanti, ma comporta anche una pausa, un ritardo, un passo indietro. Ogni cosa appare solo a suo tempo. Questo "investimento" storico ha senso se intendiamo il tempo come pazienza di Dio e gloria della libertà. Questa prospettiva si adatta meglio alla gloria di un Dio di bontà che all'immagine di un Dio che si prende gioco della nostra impotenza, un Dio che si compiace del nostro annegamento (Mounier, 1959, p. 100).

### 4.2- *L'ottimismo tragico* come atteggiamento fondamentale nei confronti della storia

### 4.2.1- La visione catastrofica e apocalittica della storia

Alcuni caratterizzano l'atteggiamento cristiano come un pessimismo attivo. Ma per Mounier la migliore definizione del cristianesimo è quella di un *ottimismo tragico*. Esclude ogni profetismo moroso e ogni buonismo da sagrestia. Ma non è nemmeno impressionato da certi atteggiamenti la cui severità ci attrae in un'epoca di accomodamento generale. In questo senso, Mounier parla del Rinascimento e della Rivoluzione francese come esempi che, avendo dato origine rispettivamente alla tecnologia e alla democrazia occidentali, hanno portato a una situazione catastrofica, una situazione che si manifesta come un declino, di decadenza in decadenza, fino al crollo totale. Questo è il catastrofismo cristiano.

L'Apocalisse cristiana ha una visione molto diversa. Mounier utilizza la parabola del grano e della zizzania (Mt 13, 24-30) come simbolo adatto per meglio esemplificare la visione cristiana della storia. Il male si sviluppa nel tempo e contribuisce fortemente al fallimento delle utopie, dei progetti e dei sogni dell'umanità: questo è il pessimismo cristiano. Ma in mezzo a tutto questo male, il Regno di Dio sta sorgendo come un misterioso orologio, spinto da una forza al tempo stesso lenta e irresistibile. E Mounier sottolinea che se nell'Apocalisse c'è un segno del futuro del mondo, esso ci viene dato nella prospettiva di una lunga e segreta fase storica in cui la nuova legge si inserisce progressivamente nelle istituzioni collettive dell'umanità. Pertanto, ci indica l'idea di uno sviluppo spirituale continuo, ambiguo e contestato, e non la progressiva caduta della storia nella dannazione (Mounier, 1959, p. 14).

### 4.2.2- Apocalittica contemporanea e *ottimismo tragico*

Questa visione apocalittica della storia esiste anche nella società contemporanea, ma in una veste diversa. Mounier ritiene che la sua caratteristica più visibile sia il carattere torturante. Infatti, tortura, tormento, supplica e, soprattutto, distruzione sono le parole del giorno (Mounier, 1959, p. 16). Questa visione attuale dell'Apocalisse, letta da una prospettiva cristiana, è stata caratterizzata da molti come pessimismo attivo. Ma Mounier preferisce, per esprimere l'antinomia che ne sta alla base, chiamarlo ottimismo tragico.

La storia ha un carattere ambivalente: insieme alla storia dell'uomo, abbiamo la storia dell'universo stesso, che è la più vasta. Il mondo è stato lacerato contemporaneamente all'uomo dal peccato dell'uomo stesso; e sarà ristabilito con l'uomo dal Ricapitolatore. L'*uomo nuovo* è legato alla *terra nuova*. Questo mondo che amiamo, le sue opere e i suoi castighi, ecc. non saranno distrutti, ma trasfigurati. Se il Regno inizia ora, allora è lecito pensare che anche il cosmo sia storia, e abbia una storia sacra legata alla storia delle realizzazioni umane. E il cristianesimo porrà addirittura questa storia al centro della vita divina attraverso la mediazione del Cristo incarnato. Lì lega indissolubilmente le tre unità teologiche: l'unità di Dio, l'unità della storia e l'unità del genere umano. All'interno di queste unità solidali, troviamo il significato dell'idea di progresso collettivo dell'umanità (Mounier, 1959, pp. 74-79).

Dal punto di vista cristiano, questa storia non sale per vie semplici, ma per un percorso di progresso e regresso. La serie progressiva di punti alti di questa storia ci è nascosta. Sappiamo solo che il movimento va avanti. Ma non possiamo più prevedere le direzioni, le pause e i ritorni. C'è una netta distanza tra l'ottimismo storico, che si attribuisce allo schema lineare di un'umanità che avanza e progredisce automaticamente, e l'ottimismo tragico del cristiano, per il quale il senso del progresso non è interamente rappresentabile, non si definisce al di fuori del paradosso della Croce e non esclude il fatto che attraverso di essa si scateneranno le catastrofi delle potenze infernali fino all'ultimo giorno (Mounier, 1959, p. 89). L'ottimismo tragico è dunque la posizione che il personalista deve assumere di fronte alla storia. È *ottimismo* perché c'è la convinzione che la verità sia destinata a trionfare. La sua *tragicità* dipenderà dall'accettazione realistica della crisi in cui siamo chiamati ad agire. L'ottimismo tragico di Mounier esprime la lucidità dell'intellighenzia di fronte alla realtà sociale, ma esprime anche la speranza che l'azione personalista possa influire sulla crisi che sta devastando il mondo (Reale & Antiseri, 1991, p. 739).

## 4.3- La piccola e la grande paura del XX secolo

### 4.3.1- La piccola paura

Se il Rinascimento è uscito dalla crisi del Medioevo e l'ha risolta, dice Mounier, la rivoluzione personalista e comunitaria dovrebbe risolvere anche la crisi del XX secolo. In questo modo, Mounier va contro quella che lui stesso definisce la "piccola paura" del XX secolo. Che cos'è questa "piccola paura"? Negli anni Duemila, la paura medievale dell'imminente fine del mondo era lo stimolo principale per costruire una società migliore. Questa paura era l'incentivo per le persone a non presentarsi davanti a Dio a mani vuote. Dovevano fare qualcosa per la società. Mounier afferma che nell'XI secolo la società crebbe, la vita economica migliorò e furono costruiti molti monasteri. La costruzione delle grandi chiese era motivata dall'idea di voler offrire a Dio i migliori edifici dove potesse scendere degnamente e stare con le persone (Mounier, 1959, pp. 11-12).

Anche il XX secolo ha la sua paura: la grande paura che l'umanità possa scomparire. Dice Mounier (1959, pp. 18-19):

> Ebbene, il desiderio di una catastrofe collettiva del mondo moderno è, per i nostri contemporanei, una reazione infantile di viaggiatori incompetenti e sciocchi. L'immagine della panna soddisfa male ici. Evoca un arretramento senza pericolo, ai margini di un percorso. L'homme europeen est plutot engage dans la situation ou se trouverait notre voyageur a cote d'un chauffeur mort subitement, lance a pleine vitesse sur une machine qu'il ne sait pas conduire. Ha perso le manette dell'universo che ha plasmato, ha visto che si sta allontanando follemente da eventi che non conosce più[21].

Ciononostante, Mounier nota che questa paura non genera alcuna attività attiva; al contrario, blocca ogni iniziativa, portando gli uomini a rinchiudersi nelle gabbie dell'egoismo. Per questo motivo, pur nella sua tragica vastità, la paura del XX secolo, per Mounier, è una "piccola paura", un timore meschino che inibisce l'amore e aggredisce l'odio (Reale & Antiseri, 1991, p. 739).

### 4.3.2- La grande paura

Nel cristianesimo troviamo buoni stimoli, buone iniziative gravide di potere liberatorio. Pertanto, è la fede cristiana che può trasformare la "piccola paura" del XX secolo.

---

[21] L'angoscia di una catastrofe collettiva nel mondo moderno è innanzitutto nei nostri contemporanei, come se si trattasse di una reazione infantile di viaggiatori incompetenti e folli. Ecco perché l'immagine del guasto non si adatta bene a questo luogo. Essa evoca una sosta non pericolosa sul ciglio di una strada. L'uomo europeo è soprattutto impegnato in una situazione in cui il nostro viaggiatore si troverebbe accanto a un autista improvvisamente morto, che sfreccia su una macchina che non sa guidare. Ha perso le chiavi

per guidare l'universo che ha creato, lo vede precipitare follemente in eventi che non può più controllare.

XX in "grande paura", fungendo da pungolo che porta al miglioramento. Tuttavia, affinché la fede cristiana recuperi questo potere liberatorio, il cristianesimo contemporaneo deve rompere con i compromessi che costituiscono le sue incrostazioni storiche, come i seguenti:

    a) L'antica tentazione teocratica di far intervenire lo Stato nelle coscienze;

b)      Il conservatorismo sentimentale che lega il destino della fede a quello dei regimi non superati, che porta l'uomo a chiudere la sua storia nel pessimismo cristiano;

c)      La logica del denaro, che guida ciò che, al contrario, dovrebbe servire (Reale & Antiseri, 1991, p. 739).

Ma possiamo ancora chiederci: fino a che punto l'ottimismo tragico governa la comprensione dell'esistenza da parte del credente? Secondo Mounier, al cuore del cristianesimo, oltre all'ascesi del paradosso, dell'angoscia e dell'annientamento, c'è un'ascesi della semplicità, della disponibilità, della pazienza, dell'umiltà fedele, della mitezza e, bisogna dirlo, della debolezza, della debolezza soprannaturale. E questa debolezza non significa affatto servilismo o legalismo. Mounier prende addirittura sul serio la sfida di Nietzsche e vi risponde in modo più esistenziale che speculativo: Il cristianesimo non è morto sulla croce (Renaud, 1991, p. 1012).

### 4.4- La rottura dei disordini consolidati non significa un nuovo ordine

Il cristianesimo deve rompere con tutti i disordini stabiliti. Ma questa rottura significa che il cristianesimo porta un nuovo ordine? La risposta di Mounier è no. Per questo parla di una rottura con l'ordine cristiano e il disordine stabilito. E questa rottura avverrà attraverso una serie di iniziative volte a salvare il mondo cristiano dal suo torpore e a tirarlo fuori dalle sue tragedie (Mounier, 1961c, p. 214). Infatti, afferma Mounier nel suo saggio *Agonia del cristianesimo?* "Chi vuole mantenere tutto il vigore dei valori cristiani deve, in tutti i campi, preparare la rottura del cristianesimo con tutti questi disturbi consolidati" (Mounier, cit. da Reale & Antiseri, 1991, p. 739).

Questa rottura non significa che il cristianesimo imponga una nuova struttura o un ordine stabilito, perché la sua dimensione escatologica annulla qualsiasi situazione o fatto perfetto o assoluto. Ciò si spiega chiaramente quando, ad esempio, afferma che "ogni nuovo ordine, potenzialmente, è un ordine stabilito. Ogni anti-farisaismo porta in sé il germe del nuovo farisaismo (...). Il cristianesimo non vuole sostituire il conformismo di destra con il conformismo di sinistra, il clericalismo conservatore con il clericalismo rivoluzionario" (Mounier, citato da Reale & Antiseri, 1991, p. 739).

**4.5- Il cristianesimo è separato dal mondo**

Mounier osserva che il cristianesimo di oggi non è stato in grado di unirsi al mondo attuale (lo sviluppo della scienza, della tecnologia, del proletariato, ecc.) come ha fatto con il mondo medievale. Ne Il *confronto cristiano,* Mounier parla della decadenza del cristianesimo nell'epoca moderna, che si sta indebolendo, soprattutto tra la classe operaia, a favore di una forma borghese moralizzante (strumento di servitù e di colpa), che ha provocato la critica dei filosofi del sospetto (Nietzsche, Marx, Freud, Sartre, ecc.) contro il cristianesimo. E si chiede: "Il cristianesimo sta morendo e questa separazione dal mondo ne è un segno?". Scopre che questa crisi non è la fine del cristianesimo, ma di una cristianità degradata. È quindi necessario prendere sul serio la radicalità del cristianesimo, che è irriducibile all'immagine che offre in ogni periodo storico. L'importante è che il mondo non perda i valori cristiani. Laddove questi valori scompaiono, con la loro fisionomia cristiana, le forme religiose riappaiono sotto altri aspetti, come la divinizzazione del corpo, della collettività, della specie nella sua ricerca di un leader, ecc. Pertanto, i tratti che caratterizzano la religione si ritrovano in queste cose, anche se in forma degradata e dannosa per l'uomo (Reale & Antiseri, 1991, p. 740).

Dobbiamo tornare a un cristianesimo apocalittico ed escatologico. Ai tempi di Mounier, questa tendenza ha portato al risveglio dell'Esistenzialismo. Questa tendenza si comprende meglio quando si scopre che al di là della preoccupazione sociale, c'è un certo cristianesimo che si riduce a un accomodamento della comodità collettiva, un cristianesimo ripetitivo, esclusivo, mediocre. Questo cristianesimo porta i cristiani a dimenticare la loro missione, a stare comodamente in disparte, a chiudersi alle preoccupazioni sociali della società e alle reali esigenze del Vangelo. È questo cristianesimo che deve finire (Gire, novembre 2007, p. 21). E i cristiani devono recuperare il senso della speranza cristiana, che non è un'evasione, perché la speranza dell'aldilà risveglia immediatamente il desiderio di organizzare l'aldilà. Tutte le parabole di Gesù, come quella delle dieci vergini, quella dell'invito al banchetto di nozze in cui qualcuno si presenta senza la veste nuziale, ecc. convergono su questo tema: o l'aldilà è, da questo momento, tra noi e per noi, o non sarà mai più per noi.

Mounier ha poi lanciato un appello ai cristiani affinché prendano sul serio la forza dell'umanizzazione del cristianesimo, la sua capacità di rinnovare radicalmente il significato della persona, dell'impegno, della cittadinanza, ecc. Il cristianesimo è il contrario di una religione della tranquillità. I cristiani devono portare questa vivacità nel cuore stesso del mondo senza identificarsi con esso, perché il cristianesimo è separato dal mondo (Gire, novembre 2007, p. 21; Mounier, 1959, p. 12).

# CONCLUSIONE

## 1- Il contributo di Mounier

Con questo lavoro cerchiamo di analizzare il tema della Persona dal punto di vista di Emmanuel Mounier, per comprendere il Personalismo da lui difeso, soprattutto nella sua dimensione cristiana ed etico-politica, essendo una filosofia della prassi e dell'impegno. Cerchiamo anche di introdurre gli elementi che hanno portato alla sua nascita, così come l'impatto di questo movimento sulla storia umana. Inoltre, cerchiamo di evidenziare il suo contributo sociale ed etico-politico alla persona, in un momento in cui il mondo contemporaneo, in una certa misura, non contribuisce alla formazione di tutta la persona.

Mounier fu un filosofo impegnato a contribuire alla formazione dell'uomo e all'instaurazione di una società personalista e comunitaria, tenendo conto di tutti i problemi del suo tempo in relazione al caos che si era creato (o al *disordine che si era instaurato*, secondo l'espressione dello stesso Mounier). Uno dei suoi principali contributi è l'idea di Persona, come realtà indefinibile e non oggettivabile, che caratterizza l'uomo come esistente e libero, e la proposta delle strutture dell'Universo Personale. In queste strutture troviamo elementi pertinenti che contribuiscono alla personalizzazione della persona nel suo insieme e alla personalizzazione del mondo intero. Inoltre, stimola la comunicazione, la coltivazione dell'interiorità, la valorizzazione del sé che, a sua volta, ha bisogno dell'altro per crescere come Persona affermata, consapevole, critica e, soprattutto, impegnata con tutto il suo essere nella società, nella stimolazione della collettività attraverso l'azione e l'impegno etico-politico.

L'altro contributo di Mounier riguarda l'educazione nel senso di *risvegliare* la persona e non di formare cittadini abili che rimangono intrappolati in un sistema che invoglia il loro modo di pensare, agire e vivere. La libertà è un concetto chiave in questo processo. Infatti, se la persona non vuole partecipare a questo movimento di personalizzazione, non lo farà, perché deve essere qualcosa di sua spontanea volontà e iniziativa. Tuttavia, l'insegnante ha un ruolo fondamentale, che è quello di essere una sorta di ponte per lo studente nel risveglio della Persona. Accanto all'insegnante c'è la comunità scolastica, che deve offrire a tutti un ambiente adatto per comunicare e sbocciare.

L'ultimo contributo di Mounier, a cui abbiamo fatto tanto riferimento, è la necessità di una rivoluzione, non una rivoluzione in senso marxista, ma una rivoluzione personalista e comunitaria. È in questo senso che il suo Personalismo assume il suo significato etico-politico: è una filosofia della prassi e dell'impegno. Ogni individuo ha la piena responsabilità di questa rivoluzione. La ricerca di una società basata sulla Persona deve essere animata dalla convinzione che un mondo diverso e una civiltà diversa e più umana sono possibili.

Avendo capito che il tema della Persona si deve al mondo cristiano, egli sostiene che il cristiano ha una responsabilità molto grande in questa ricerca di una civiltà personalista e comunitaria. E l'atteggiamento che il cristiano deve assumere nei confronti della storia non deve essere di puro pessimismo o di puro ottimismo, ma di ottimismo tragico; cioè la sua azione e il suo impegno si svolgono in una storia che ha un fine felice, un'escatologia felice, ma che questo fine si sta realizzando nella storia in modo molto lento e paziente, in una storia in cui convivono il "grano" e la "zizzania", in cui la "zizzania" sembra essere vincente, ma in cui c'è la ferma convinzione che il "grano" vincerà. Per questo è ottimismo, perché il cristiano è convinto che il bene vincerà, e la sua tragicità si manifesta nei vari fallimenti che sperimenta a ogni passo della sua vita e della sua storia, che procede lentamente e irreversibilmente verso la sua fine.

Nel 1982, in occasione del cinquantesimo anniversario della rivista *Esprit*, l'*Association des amis d'Emmanuel Mounier* tenne a Durban un colloquio sul Personalismo. In questo convegno si deplorava il fatto che Mounier avesse scelto un termine in *-ismo* solo come una sorta di competizione con gli altri *-ismi*. Ma lui stesso era consapevole di vulnerabilità del termine scelto. E nel suo Personalismo, si compiace del ritorno della Persona, che, da un punto di vista filosofico, è ancora il miglior candidato a resistere alle battaglie giuridiche, politiche, economiche e sociali del tempo presente, certamente meglio della coscienza, del soggetto e dell'io, che erano già stati scossi (Teixeira, 1992, pp. 85-86).

## 2- Affrontare le sfide della società odierna

Oggi il Personalismo di Mounier appare al tempo stesso superato e attuale. Il contesto storico in cui è nato, il dialogo con il cristianesimo preconciliare, il marxismo e l'esistenzialismo conferiscono alle discussioni di Mounier un sapore "arretrato" che rende il Personalismo una corrente superata. Ma l'*intenzione* che lo animava, la *forza* che guidava il suo pensiero, il *coraggio* di affrontare tutte le sfide del tempo, la sua *comprensione di fondo della* Persona, così come la *volontà di* trasmettere questa eredità alle generazioni future, rimangono attuali e attendono ancora nuovi sviluppi per affrontare le nuove sfide del mondo di oggi, come ad esempio:

a)        La sfida sempre più grande dell'avanzamento delle tecnologie, il potere di Internet, la dittatura del mondo virtuale, la cultura del *digito ergo sum,* che sfuggono al controllo dello spirito umano, richiedono un nuovo senso di dignità e nuovi approcci alle questioni dei diritti umani, dovuti al riconoscimento della relatività del modello tradizionale di diritti umani;

b)        L'inevitabile sfida della bioetica, soprattutto con le biotecnologie, le nanotecnologie, la transgenica, eccetera, l'interferenza tecnica nel processo naturale della vita umana, la liberalizzazione dei vari attacchi alla vita umana, sia al suo inizio, sia nel suo sbocciare e fiorire, sia nella sua fine naturale, il tutto fatto in nome dei diritti umani come se la questione della permanenza della vita e della scelta della morte fosse una questione di diritto;

c) La sfida della cultura sfrenata del consumismo, che compromette la senso del simbolico, lo spirito di impegno dei cittadini e la costruzione di significati, una cultura che è sintomo di un modello di sviluppo basato, da un lato, sullo spirito del guadagno, sul mercato e le sue leggi e sulla dittatura del capitale, e, dall'altro, sulla cultura dell'eliminazione e dell'obsolescenza programmata, sulla cultura della superficialità, sul pensiero debole, sulla l'incapacità di prendere impegni nella vita, l'immersione nella *divertimento* come rifugio, ecc., mettendo così a rischio il perseguimento di uno sviluppo sostenibile (o semplicemente di una cultura della sostenibilità: economica, sociale, ambientale, etica, estetica, culturale, ecc.), nell'educazione a una cittadinanza più umana, più attiva, più ecologica, più ambientale, insomma più sostenibile;

d)        La sfida del tramonto del modello capitalistico di globalizzazione si manifesta nell'attuale crisi di *civiltà*, che richiede l'assunzione di un nuovo modello di globalizzazione, anzi di un insieme di globalizzazioni, dal momento che stiamo assistendo all'emergere e alla convergenza di diverse visioni del mondo che pretendono di essere riconosciute come rilevanti, vere e significative per i gruppi umani che le costituiscono;

e)        La sfida di assumere una nuova visione dell'essere umano caratterizzata da una molteplicità di esperienze esistenziali, una visione che sfida la visione riduttiva dell'essere umano trasmessa dal capitalismo neoliberale (individualismo, chiusura nel presente e nel materiale), una visione dell'essere umano che non ha un volto o un'identità propria, ma si caratterizza per la sua costruzione progressiva basata su esperienze concrete;

f)        La sfida per la scienza è, da un lato, accettare e valorizzare le conoscenze locali dei popoli considerati subalterni rispetto all'Occidente, conoscenze precedentemente considerate dalla scienza occidentale assenti o semplicemente non conoscenze, e, dall'altro, riconoscere il fatto che la scienza occidentale (o la conoscenza scientifica) è solo un modo di conoscere e interpretare il mondo tra molti altri modi, tutti ugualmente validi, nel contesto delle riletture postcoloniali;

g)        La grande sfida della crisi del senso di Dio, crisi che, secondo Papa Francesco, si manifesta oggi con due sottili nemici della santità, o due eresie fondamentali, cioè lo gnosticismo e il pelagianesimo odierni *(Gaudete et Exsultate,* nn. 36-62);

h) La sfida sintomatica che il mondo di oggi, soprattutto i cosiddetti Paesi sottosviluppati o in via di sviluppo, si trova ad affrontare è quella di affrontare problemi senza volto, problemi che si manifestano sotto forma di guerre senza fine, di violenza sempre crescente, di schiavitù di vario tipo (alcune aperte, altre mimetizzate, altre ancora nascoste), di crisi ambientale e di minacce di guerra nucleare e tecnologica, ecc;

i) Le sfide del rapporto tra l'idea occidentale di persona (quella di Mounier ne fa parte), l'idea africana di persona *(Ubuntu:* io sono perché noi siamo), la concezione orientale dell'essere umano come microcosmo o come goccia d'acqua nell'oceano divino, e altre visioni del mondo, di Dio e dell'essere umano che stanno emergendo man mano che vari popoli si affacciano e occupano uno spazio nella storia dell'umanità; ecc.

Pertanto, guardando a tutte queste sfide attuali, possiamo dire che l'intenzione di Mounier non ha ancora esaurito tutto il suo potenziale speculativo. Con Ricoeur, un uomo che era così vicino a Mounier, possiamo dire senza dubbio: che il *Personalismo muoia e la Persona viva* (Renaud, 1991, p. 1013).

### 3- Le ombre del movimento personalista mounieriano

Per chi si dedica seriamente allo studio del personalismo, una delle difficoltà che può incontrare è chiedersi se il personalismo sia una dottrina, o una semplice filosofia senza essere un sistema, o se sia un'ideologia che nega il suo carattere filosofico, o addirittura un'anti-ideologia. In effetti, ci sono autori personalisti che aderiscono a una di queste posizioni. Se in campo filosofico il Personalismo si manifesta come un atteggiamento vicino all'Eclettismo, in campo politico è accusato di vaghezza e idealismo. Lo stesso Mounier sottolinea che il Personalismo riunisce aspirazioni convergenti che oggi cercano una via al di là del fascismo, del comunismo e del mondo borghese decadente (Mounier, 1961b, p. 7). Non c'è da stupirsi che alcuni campi del movimento personalista - tra cui lo stesso Mounier - si considerino molto vicini all'anarchismo, attratti dall'ispirazione anarchica.

Non essendo una dottrina o un sistema, il Personalismo di Mounier finisce per essere utopico. In pratica, abbiamo sempre una società che ha un territorio e un diritto costituzionale protetto dallo Stato. È difficile conciliare questa realtà con l'ideale comunitario di Mounier. Questa componente utopica è anche accusata nel senso che se è vero che le verità fondamentali su cui basiamo le nostre conclusioni e la nostra azione non sono state inventate ieri e che solo il loro inserimento nella storia può e deve essere nuovo (Mounier, 1961b, p. 8), sembra ragionevole supporre che spetti ai personalisti mantenere questo atteggiamento, dal momento che la storia non è, agli occhi di tutti, ciò che è agli occhi del personalista. Un altro fatto da considerare è che la concezione della storia di Mounier è marcatamente cristiana. Possiamo quindi chiedere a Mounier: se ogni civiltà è orientata metafisicamente, è possibile seguire le sue orme senza aderire alla fede cristiana? Come si può parlare di un'escatologia che includa sia i cristiani che i non cristiani?

Quindi è giusto dire che il tipo di società mounieriana è un'idea limite di natura teologica (una sorta di corpo mistico) che difficilmente può essere attualizzata in termini politici, ma che funziona come ideale normativo e come criterio per giudicare i cambiamenti politici reali o possibili.

## 4- I meriti del movimento personalista mounieriano

Pur riconoscendo le difficoltà di questa filosofia, non possiamo trascurare i suoi meriti, che sono significativi e rilevanti per noi, soprattutto per l'interesse cristiano ed etico-politico di Mounier. Pertanto, è anche giusto concludere che il mondo di oggi ha bisogno di uomini come Mounier, di personalisti impegnati. In effetti, nel corso della storia abbiamo conosciuto diversi pensatori che hanno affermato e difeso idee sui più svariati campi dell'esistenza. Molti hanno cercato di risolvere le questioni senza nemmeno essere direttamente coinvolti in esse, mentre altri hanno trovato nelle risposte che hanno dato la ferma espressione della propria vita.

È in questo secondo gruppo che rientra Mounier. Pertanto, la prima conclusione che possiamo trarre è che egli fu un uomo del suo tempo, perché instaurò un dialogo franco con il mondo che lo circondava. Essendo il filosofo dell'azione filosofica, la usava per risvegliare negli altri un atteggiamento cristiano e critico. Mounier ha sempre cercato di risvegliare nell'uomo una consapevolezza filosofica che unisse pratica e teoria, consapevolezza che oggi è fortemente carente. Un'altra conclusione è che oggi la questione della Persona ha ancora bisogno di essere verificata, definita e rivalutata. Non è più difficile affrontare la questione della Persona, ma trovare chi lo faccia. Voler rinunciare alla questione della Persona per costruire una società in cui la vita dell'uomo si riduce alla semplice sopravvivenza, senza impegno, sarebbe un'illusione e una totale mancanza di considerazione per la persona umana.

### 5- Cosa succede dopo?

Mounier ha cercato di risolvere il problema per il suo tempo. In questo modo, la Persona deve essere salvata oggi dalla situazione attuale. Quella "piccola paura" di cui parlava Mounier esiste anche oggi. L'uomo di oggi ha perso le chiavi della speranza per la sua vita e il suo futuro. È un uomo *storicamente dislocato, cioè* ha rotto la coscienza della continuità storica, soprattutto in relazione ai marcatori di identità (simboli vitali e incoraggianti della sua tradizione culturale); è anche un uomo con un'*ideologia frammentata, cioè* un uomo che non ha un sistema fisso di valori e che non segue un'unica ideologia fissa. Per questo motivo, vive una vita caratterizzata dall'immediatezza, sfruttando il "concreto" e l'"ora". Quindi non è tanto la paura che l'umanità possa scomparire, ma la paura di un futuro oscuro e minaccioso. La soluzione immediata è sfruttare l'immediato.

L'uomo di oggi è diventato prigioniero dell'adesso, bloccato nel presente senza alcun legame con il passato o il futuro. Quando guarda al suo futuro, vede solo una nuvola impenetrabile. Non trova risposte alle domande sul perché vive o dove sta andando, né si impegna a raggiungere un obiettivo, non cerca la realizzazione futura di un grande desiderio o aspetta che accada qualcosa di grande o importante. Fissa il vuoto ed è sicuro di una sola cosa: se c'è qualcosa che vale nella vita, deve essere *qui* e *ora*. Se si dimentica la propria persona, si dimenticano i propri valori, e la conseguenza è senza dubbio la paura e l'incertezza per il futuro (Nouwen, 2001, pp. 18-19; 23-26).

Ma l'uomo di oggi è anche l'uomo che *cerca l'immortalità*. Nouwen dice che "quando l'uomo non è più in grado di guardare oltre la propria morte e di relazionarsi con ciò che si estende al di là del tempo e dello spazio della sua vita, perde il desiderio di creare e l'eccitazione di essere umano" (Nouwen, 2001, p. 31). Per questo sente il bisogno di trovare un cammino verso la trascendenza. E Mounier vedeva nel cristianesimo buoni stimoli per incoraggiare le persone a soddisfare questa sete di immortalità, a recuperare se stesse e quindi a eliminare la "paura" esistente attraverso una rivoluzione personalista e comunitaria. Per noi, la chiave per eliminare questa "paura" è il recupero della persona in due sensi: (a) riportare la persona, che è così dimenticata nel nostro tempo, ridefinendo la scala dei valori, e (b) far fiorire la persona in ogni individuo attraverso la formazione, le lezioni, l'educazione civica, i dibattiti, ecc. Infatti, il recupero della Persona e di tutti i valori ad essa legati può essere anche una soluzione per ridare fiducia e speranza nel futuro.

Quale dovrebbe essere la forza motrice per rompere con tutti i disordini oggi consolidati, in grado di offrire nuovi stimoli per il sorgere di una società nuova e recuperata? Come credere che un mondo diverso, migliore e più umano sia possibile? Come renderlo reale? E con quali mezzi? Questa sembra essere la sfida che ci attende!

# ALLEGATI: Vita e opere di Emmanuel Mounier

**Allegato 1:**

Emmanuel Mounier, educatore, pensatore e filosofo francese, fa parte della corrente chiamata Personalismo, alla quale ha dedicato tutta la sua vita e le sue energie. Nasce a Grenoble, in Francia, il 1° aprile 1905 e compie i primi studi di filosofia nella sua città natale. Si è poi recato a Parigi, dove ha conseguito la laurea in Filosofia nel 1927 con la tesi *Il conflitto tra antropocentrismo e teocentrismo nella filosofia di Cartesio*. A Parigi, è stato collega di Raymond Aron e di

Jean-Paul Sartre.

A Parigi, Mounier scoprì il pensiero di Charles Peguy (1873-1914), poeta, drammaturgo e saggista francese, considerato uno dei principali scrittori cattolici moderni, e si lasciò influenzare da lui. Infatti, Mounier disse nel 1925: "Peguy è una fonte di consolazione e di speranza". Si unì quindi a un gruppo di studio sull'opera di Charles Peguy. Di questo gruppo faceva parte anche un giovane di nome Jean Danielou, che in seguito entrò nella Compagnia di Gesù. Jean Danielou, gesuita francese, insieme ai domenicani Chenu e Congar e ai gesuiti Henri de Lubac e Karl Rahner e molti altri, divenne uno dei più grandi teologi del XX secolo in generale e del Concilio Vaticano II in particolare.

Come si vede, Mounier, negli anni Trenta, partecipò al meglio della vita intellettuale parigina. Oltre ai teologi già citati, era anche l'epoca di filosofi come Blondel e Bergson, poi Gabriel Marcel. Ci sono anche Andre Gide, Huxley, Andre Malraux, Ernst Bloch e altri. Tra i cattolici, Jacques e Raissa Maritain fanno la differenza. È stato anche influenzato dal famoso filosofo russo del suo tempo Nicolai Berdiaeff (1874-1948), che si trovava a Parigi nel 1924. All'inizio degli anni Trenta conobbe

Jacques Maritain, visitò la sua casa e partecipò agli incontri che vi si tenevano. È sempre in questo periodo che Mounier diventa molto attivo come pubblicista, soprattutto per quanto riguarda l'impegno cristiano per la scuola. A questo proposito, collaborò con la rivista "Aux Devidees" (Copleston, 1996, pp. 299-300).

Per alcuni anni, Mounier insegna filosofia. In questo ambiente tutto intellettuale, Mounier concepisce l'idea di fondare un movimento di rottura con "il disordine stabilito", ispirandosi in gran parte alle idee di Charles Peguy. Il suo progetto si concretizzerà con la creazione, nel 1932, della rivista *Esprit*, pubblicata dopo diverse riunioni preparatorie. Egli optò così per una strada senza ritorno, alla quale dedicò tutta la sua vita pubblica, sacrificando la carriera accademica per influenzare la società non tanto come insegnante, quanto piuttosto come pubblicista impegnato.

Nel 1935, vivendo a Bruxelles, Mounier sposò Paulette Leclerq. Felice del matrimonio, trovò in sua moglie una compagna fedele e insieme divennero un modello di comunità suggellata dall'amore. Da questo felice matrimonio, Mounier ebbe tre figlie, la maggiore delle quali fu colpita da encefalia all'età di sette mesi e divenne totalmente incosciente (Rangel, 2004, p. 17).

Chiamato al servizio militare nel 1939, viene fatto prigioniero dai tedeschi. Dopo la sua liberazione, riprese a pubblicare la sua rivista nel 1940 e nel 1941, tra molte difficoltà. Opposto al governo Petain, Mounier viene nuovamente arrestato. Dopo il suo rilascio, nell'agosto del 1941, vide la sua rivista soppressa. Per quanto riguarda questo governo, Mounier fu nuovamente arrestato nel gennaio 1942 con l'accusa di essere uno dei principali ispiratori del movimento clandestino "Combat" e trascorse diversi mesi in prigione. In realtà, era un membro attivo della Resistenza. Rilasciato il 6 febbraio, fu nuovamente arrestato il 21 aprile e iniziò uno sciopero della fame.

Dopo l'assoluzione, vive sotto falso nome fino alla fine della guerra, quando torna a Parigi e riprende a pubblicare la sua rivista. Il dopoguerra fu caratterizzato da un'intensa attività letteraria da parte di Mounier. In questo periodo pubblica un gran numero di sue opere e rilancia la rivista *Esprit* come organo del Personalismo

(Copleston, 1996, pp. 299-300; Reale & Antiseri, 1991, pp. 729-731).

Mounier è un pensatore vivo e brillante che ha segnato una generazione con il suo modo di impegnarsi, di impegnarsi e di dialogare che, sempre in collegamento con l'aperta fede cristiana, non ha mancato di promuovere. La sua azione è strettamente legata alla presa di coscienza dei diversi fattori che hanno caratterizzato negativamente la società europea tra il 1930 e il 1950.

Mounier ha conosciuto ogni tipo di sofferenza, sia fisica che spirituale. Ha vissuto male e ha conosciuto nella sua stessa carne questa dolorosa verità che ha vissuto, portandola avanti come un cristiano coraggioso. La sua critica, la sua durezza, la sua lealtà di uomo e di intellettuale nei confronti dei comunisti non avevano limiti né riserve.

Ha detto:

> Il mio Vangelo mi insegna che non siamo più astuti di Dio stesso, che cerca sempre una strada nel cuore dell'uomo più indifeso. Il mio Vangelo, inoltre, è il Vangelo dei poveri. Non mi accontenterò mai di un solo malinteso e di tutti coloro che suscitano la fiducia dei poveri. Questa non è politica, lo so. Ma è un presupposto di ogni politica ed è una ragione sufficiente per rifiutare certe forme politiche (Mounier, citato da Reale & Antiseri, 1991, p. 732).

Coinvolto nella fatica causata dalle sue lotte e dal suo lavoro, lotte che erano sempre a favore del *primato della persona umana,* Mounier morì di infarto. Anche nei suoi ultimi momenti, dopo due crisi che lo costrinsero a ritirarsi dalle sue attività, tornò sempre al lavoro.

Non riuscendo a resistere alla terza crisi alle tre del mattino a Chatenay-Malabray il 22 marzo 1950, l'uomo dell'azione e dell'impegno morì (Reale & Antiseri, 1991, pp. 729-732).

**Allegato 2: Opere**

Mounier scrisse una vasta opera, tra cui libri, articoli e riviste, fino a morire nel pieno della sua attività intellettuale. Tra le opere che scrisse, possiamo evidenziare le seguenti:

a) Nel 1931 pubblica *Il pensiero di Charles Peguy;*
b) Nel 1935 pubblica *Revolución Personalista e Comunitaria;*
c) Nel 1936 ha pubblicato le seguenti opere:

- *Dalla proprietà capitalistica alla proprietà umana* e
- *Manifesto al servizio del personalismo;*

d) Nel 1944 ha pubblicato *L'affronto cristiano;*
e) Nel 1946 ha pubblicato le seguenti opere:

- *Introduzione all'esistenzialismo;*
- *Il Trattato sui caratteri* e
- *Libertà condizionata.*

f) Nel 1947 ha pubblicato *Che cos'è il personalismo?*
g) Nel 1948 ha pubblicato le seguenti opere:

- *Il risveglio dell'Africa nera* e
- *La piccola paura del XX secolo.*

h) Nel 1949 ha pubblicato le seguenti opere:

- *Personalismo* e
- *La speranza dei senza speranza* (Reale & Antiseri, 1991, p. 731).

**Allegato 3: La rivista *"Esprit"*: *un* luogo di incontro e un centro per le iniziative**

*Esprit* è una rivista filosofica francese fondata da Mounier nell'ottobre 1932, in collaborazione con Georges Izard, Andre Deleage e un gruppo di amici. La rivista nacque per affrontare la crisi politica e spirituale che caratterizzava l'Europa dell'epoca e per proporre una soluzione radicale. Questa crisi si manifestava nel crollo economico e nel disorientamento politico e morale che prevaleva in Francia e in Europa, oltre che in America. Il movimento dell'*Esprit* si confrontava in particolare con l'esistenzialismo e il marxismo, poiché, in positivo, mirava a una nuova civiltà e, in negativo, si opponeva a tutti i tipi di alienazione, da quella economico-sociale denunciata da Marx all'alienazione della persona nel collettivismo anonimo, nel determinismo storico, nell'egoismo vitale, ecc. Di fronte a questa situazione, questo movimento si affida alla Persona come criterio in base al quale elaborare i mezzi per risolvere la crisi.

L'obiettivo di *Esprit* era quello di istituzionalizzare una rivoluzione permanente contro le tirannie del tempo: La cultura borghese, che svaluta il senso della gratuità, della contemplazione e della generosità; il capitalismo, che crea bisogni fittizi; lo spiritualismo, che confonde lo spirito con l'intimo e degenera nell'intimismo; il determinismo materialista, che ignora l'imprevedibilità e la creatività dei soggetti storici; il comunismo, con il quale vorremmo collaborare in azioni concrete, ma eliminando la tirannia della sua rivoluzione; l'incoerenza, che dissocia pensiero e azione; e gli pseudovalori fascisti, che nutrono di irrazionalità individui e popoli.

Il carattere ideologico di *Esprit* divenne chiaro nell'articolo programmatico del suo primo numero, "Rifare il Rinascimento". Con questo "rifacimento", il Personalismo voleva tornare a un sano realismo spirituale, riabilitare l'idea comunitaria e purificare la cattiva coscienza rivoluzionaria che contribuiva a ritardare la liberazione della Persona.

I fini dell'autentica rivoluzione erano coloro che, su base cristiana, agivano intorno alla Persona e nella comunità per la realizzazione di una comunità personalista, una città armoniosa dove la Persona ha il suo centro e trova comunione. Ma chi erano i giovani che pensavano di creare questa innovazione nella civiltà a beneficio della persona umana? Innanzitutto troviamo G. Izard, A. Deleage, G. Duveau, N. Berdiaeff, M. Lafrancq, Andre Philip, Jackes Maritain, Rene Biot, Pierre Varite e Pierre-Aime Touchard. Ma oltre a questi, ve ne sono altri che appartengono ad altre correnti personaliste come Landsberg, Paul Ricoeur, Nedoncelle, Lachieze-Rey, Nabert, Le Senne, Madinier e Jean Lacroix (Reale & Antiseri, 1991, p. 727).

Alcuni di questi giovani pensavano che la crisi esistente fosse sia economica che morale e che il rimedio ad essa non dovesse prescindere da una rivoluzione economica o spirituale, ma dovesse consistere nella teorizzazione e nella costruzione di una comunità di persone. Così, non solo possiamo vedere la rivista *"Esprit"* come il punto d'incontro dei contributi teorici dei personalisti, ma anche come il centro di irradiazione di una serie di importanti iniziative politiche come: la posizione a favore dei repubblicani spagnoli, la breve posizione di attesa nei confronti del governo di Vichy, il passaggio alla Resistenza, l'appoggio alla libertà algerina, il sostegno alla rivoluzione ungherese, ecc.

Secondo Agustinho D. Moratalla, la rivista *Esprit* ha attraversato cinque periodi principali:

a) Il primo fu il cosiddetto *periodo dottrinale* (1932-1934): fu caratterizzato dalla rottura. Il suo obiettivo fondamentale era quello di *rifare il Rinascimento*.

b) Il secondo sarebbe il *periodo del compromesso* (1934-1939): furono pubblicati molti articoli di compromesso. Per esempio, abbiamo un numero uscito nel 1939, intitolato *Esprit: Rottura con l'ordine cristiano e il disordine stabilito*.

c) Il terzo corrisponde al *periodo della guerra* (1939-1944).

d) La quarta si chiamerà *clandestinità aperta* (1944): è segnata dalla ricomparsa di *Esprit*. La resistenza all'invasione dello spirito totalitario continua.

e) Il quinto periodo sarebbe stato il *dopoguerra* (1945). Il compito era quello di scoprire il valore veramente rivoluzionario dell'uscita dalla crisi contemporanea.

Dal 1950 al 1957, dopo la morte di Mounier, dirige la rivista Albert Beguin. Gli succedette Domenech, discepolo di Lacroix. Intorno alla rivista *Esprit si* formò un ampio movimento di idee e gruppi di ricerca e azione. Il movimento si diffuse in Francia, Italia, Polonia, Spagna, Asia e America Latina (Rangel, 2004, pp. 15-17).

# RIFERIMENTI BIBLIOGRAFICI

## 1- Bibliografia di base

Mounier, E. (1961). *Le Personnalisme (7* ed.). Parigi: Les Presses universitaires de France. Accesso al 30 aprile 2019, presso
http://classiques.uqac.ca/classiques/MounierEmmanuel/personalis-me/personalisme.html. (a)*.

Mounier, E. (1961). *Manifeste au Service du Personnalisme.* Parigi: Seuil. Consultato il 30 aprile 2009, all'indirizzo
http://classiques.uqac.ca/classiques/Mounier_Emmanuel/manifeste_service_pers/mani feste.html (b)*.

Mounier, E. (1961). *Rivoluzione personale e comunitaria.* Parigi: Seuil. Consultato il 30 aprile 2009, all'indirizzo
http://classiques.uqac.ca/classiques/Mounier_Emmanuel/revolution_personaliste/revol ution_pers.html. (c)*.

Il segno (*) indica che l'edizione di queste tre opere ha lo stesso anno di pubblicazione e le lettere *a, b* e *c* ci aiutano a distinguere ogni opera nelle note citate (interne) in tutto il lavoro.

Mounier, E. (1962). *Introduzione agli esistenzialismi.* Parigi: Gallimard. Consultato il 30 aprile 2009, all'indirizzo
http://classiques.uqac.ca/classiques/Mounier_Emmanuel/intro_aux_existentialismes/in tro_aux_existentialismes.html.

Mounier, E. (1959). *La Petite Peur du XXe Siecle.* Parigi: Seuil. Consultato il 3 maggio 2009, all'indirizzo
http://classiques.uqac.ca/classiques/Mounier_Emmanuel/petite_peur_XXe_siecle/petit e_peur_XXe_siecle.html.

## 2- Bibliografia complementare

### 2.1- Libri

Appunti dalle lezioni di Storia della filosofia contemporanea tenute da padre Andre Chimwemwe Mpanda, Seminario Filosofico "Santo Agostinho" di Matola, Maputo - Mozambico, 2001.

Copleston, F. (1996). *Storia della filosofia: da Maine du Biran a Sartre.* Vol. 9. Barcellona: Ariel. Tradotto da *Storia della filosofia: Maine du Biran a Sartre* (1975). Londra: Search Press.

Cordon, J. M. N. & Martinez, T. C. (1994). *Storia della filosofia: Filosofi e testi.* Vol. 3. Lisbona: 70.

*Fragmentos de Cultura* (2007, gennaio/febbraio). Goiania, v. 17, n. 1/2.

FRANCESCO, Papa (2018). *Rallegratevi ed esultate. Esortazione* apostolica *Gaudete et Exsultate* sulla chiamata alla santità nel mondo di oggi. Roma: Libreria Editrice Vaticana.

Frosini, G. (2001). *Teologia oggi, sintesi del pensiero teologico.* Porto: Perpetuo Socorro.

Giustiniani, P. (1993). *L'uomo: Fascino e sfida.* Lisbona: Paulistas.

GIOVANNI XXIII, Papa (1961, 15 maggio). *Mater et Magistra,* Lettera enciclica sui recenti sviluppi della questione sociale alla luce della dottrina cristiana. In: *Percorsi di giustizia e di pace: Dottrina sociale della Chiesa* (1993). Documenti dal 1891 al 1991. (3ª ed.). Lisbona: Rei dos Livros.

Nouwen, H. J. M. (2001). *Guarire la sofferenza. Attraverso le nostre ferite, possiamo diventare una fonte di vita per gli altri.* San Paolo: Paulinas.

PAOLO VI, Papa (8 dicembre 1975). *Evangelii Nuntiandi,* Esortazione apostolica sull'evangelizzazione del mondo contemporaneo. In: *Percorsi di giustizia e di pace: Dottrina sociale della Chiesa* (1993). Documenti dal 1891 al 1991 (3a ed.) Lisbona: Rei dos Livros.

Reale, G. & Antiseri, D. (1991). *Storia della filosofia, dal Romanticismo ai giorni nostri.* San Paolo: Paulinas. Traduzione dall'originale italiano *Il pensiero occidentale dalle origini ad oggi* (1986). Vol. 3 (8a ed.). Brescia: La Scuola.

Renaud, M. (1991). Emmanuel Mounier. In: *Logos: Enciclopedia Luso-Brasileira de Filosofia.* Vol. 3. Lisbona/Sao Paulo: Verbo.

Teixeira, J. de S. (1992). Personalismo. In: *Logos: Enciclopedia Luso-Brasileira de Filosofia.* Vol. 4. Lisbona/Sao Paulo: Verbo.

**2.2- Opere e articoli tratti da Internet**

Ayati, C. (s. a.). *L'Economie selon Emmanuel Mounier ou la Rencontre du Spiritual et du Temporiel.* Consultato il 30 aprile 2009, su http://www.cndp.fr/RevueDEES/pdf/116/05906811.pdf.

Gire, P. P. (2007, novembre). Emmanuel Mounier, L'Affrontement Chretien. *Esprit & Vie,* Paris, n°181, 1ʳᵉ quinzaine. Consultato il 30 aprile 2009, all'indirizzo http://www.esprit-et-vie.com/article.php37id_article =2043.

Lorenz, F. (2008). *Il significato di persona in Emmanuel Mounier.* Campo

Grande/MS: Universidade Catolica Dom Bosco. Consultato il 30 aprile 2009, all'indirizzo www.portalcarismatico.com.br/menu/ download/A%20nocao%20de%20Pessoa.pdf.

Marx, K & Engels, F. (1848). *Manifesto del Partito Comunista.* Consultato l'08 luglio 2009, all'indirizzo file: ///C: /Documents%20and%20Settings/fingerprints/My%20Documents/My%20Vir tual%20Library/Livros/Manifesto%20Comunista.htm.
Rangel, J. L (2004). *La persona nel personalismo di Emmanuel Mounier.* Curitiba: Facoltà arcivescovile di filosofia. Consultato il 29 luglio 2009, all'indirizzo www.mundofilosofico.com.br/... /pessoa_personalismo.pdf -).

Vanzeto, J. J. & Alves, M. A. (s. a.). *La persona e l'educazione in Emmanuel Mounier.* Corso di filosofia presso la Faculdade de Palotina, FAPAS. Consultato il 23 luglio 2008, all'indirizzo www.forumsulfilosofia.org.